Au cœur du monde francophone

Auteurs

Christelle Barbera
David Escuderos
Marion Gasperi

Cahier d'exercices

www.emdl.fr/fle

Auteures : Christelle Barbera, David Escuderos et Marion Gasperi
Édition : Diakha Siby, Gema Ballesteros Pretel, Estelle Foullon et Collectif Édition (Valérie Benet)
Conception graphique : Pica Agency, Luis Luján et Laurianne López (couverture)
Mise en page : Ana Varela, HeLLo HeLLo et Laurianne López
Illustrations : Alejandro Milà, Laurianne López (p. 5, 13, 21, 29, 37, 45, 53, 61)
Photographies des Reporters : García Ortega
Relecture et corrections : Sarah Billecocq et Laure Dupont

CRÉDITS
CRÉDITS PHOTOGRAPHIQUES

COUVERTURE : García Ortega

Unité 1 García Ortega ; Nellmac/Istock ; CMP/Adobe Stock ; BrunoWeltmann | Dreamstime ; 4 Girls 1 Boy/Adobe Stock ; Ld1976d | Dreamstime ; gkrphoto/Adobe Stock ; Elena Veselova | Dreamstime ; Jérôme Rommé/Adobe Stock ; Alexpro9500 | Dreamstime ; Spychala Pawel | Dreamstime ; mitrs3/Adobe Stock ; M.studio/Adobe Stock ; bbivirys/Adobe Stock ; Bhofack2 | Dreamstime **Unité 2** Creativefire | Dreamstime ; Darren Baker/Adobe Stock ; Gianfranco Bella/Adobe Stock ; sianc/Adobe Stock ; Darren Baker/Adobe Stock ; Freesurf69 | Dreamstime ; Yvon52 | Dreamstime ; PIL/Adobe Stock ; Lasse Behnke | Dreamstime ; Jdjuancimail | Dreamstime ; Wikipedia Commons ; Phillip Gray | Dreamstime ; Lamai Prasitsuwan | Dreamstime ; Lunamarina | Dreamstime **Unité 3** García Ortega ; SergiyN/Adobe Stock ; ewg3D/Istock ; Brasil2/Istock ; Nikada/Istock ; pixinoo/Istock ; alvarez/Istock ; mixetto/Istock **Unité 4** Asem Arab/Dreamstime ; santosha57/Adobe Stock ; PhotoInc/Istock ; PeopleImages/Istock ; wundervisuals/Istock ; gradyreese/Istock ; georgeclerk/Istock **Unité 5** Monkey Business Images/Dreamstime ; napa74/Adobe Stock ; Stefano Ember/Dreamstime ; Shariff Che\' Lah/Dreamstime ; Sergey Novikov/Dreamstime ; Nattapan Kansena/Dreamstime ; Monkey_Business Images/Dreamstime ; Stef22/Dreamstime ; Maria Jose Segovia/Dreamstime ; Zhukovsky/Dreamstime ; Nadia Comaneci/Wikimedia Commons ; Andre DurÃo/Dreamstime ; TSportsasia/Wikimedia Commons ; Zhukovsky/Dreamstime ; kali9/Istock ; Jecapix/Istock ; dexter_s/Istock ; lovro77/Istock ; Sidekick/Istock **Unité 6** García Ortega ; Fred/Adobe Stock ; Public Health Image Library/Publicdomainfiles.com ; Rico Shen/Wikimedia Commons ; Early Office Museum/Wikimedia Commons ; Loriewannop/Dreamstime ; Grafissimo/Istock ; amesy/Istock ; Antonio_Diaz/Istock ; Urupong/Istock ; MWCPhoto/Istock ; Krzysztof Dac/Istock ; Saadetalkan/Istock ; JohnnyGreig/Istock **Unité 7** Drobot Dean/Istock ; milosk50/Adobe Stock ; AlexMaster/Istock ; adventtr/Istock ; -M-I-S-H-A-/Istock ; J-Elgaard/Istock ; ZU_09/Istock ; IZI1947/Istock ; Noctiluxx/Istock ; perets/Istock ; AnnaFrajtova/Istock ; South_agency/Istock ; Cebas/Istock ; pixdeluxe/Istock ; DMEPhotography/Istock ; Ales_Utovko/Istock **Unité 8** burakkarademir/Istock ; M.Rais/Wikimedia Commons ; alantobey/Istock ; monkeybusinessimages/Istock ; Dtiberio/Dreamstime ; FatCamera/Istock ; malerapaso/Istock ; lukas_zb/Istock ; studiocasper/Istock ; nitrub/Istock ; talipcubukcu/Istock ; 5second/Istock ; spyderskidoo/Istock ; ViewApart/Istock ; Dhoxax/Istock ; bloodstone/Istock ; takoburito/Istock ; Dusan Ilic/Istock **Delf** Atlantis/Adobe Stock ; tanyastock/Adobe Stock ; Marc/Adobe Stock ; alekseyvanin/Adobe Stock ; danr13/Istock ; Tempura/Istock ; Gizmo/Istock ; karandaev/Istock ; hallojulie/Istock ; studiocasper/Istock ; Eivaisla/Istock ; Tatiana Volgutova/Istock ; luchezar/Istock ; Lara Hata/Istock ; Richard Villalonundefined undefined/Istock ; Anna Cinaroglu/Istock

REMERCIEMENTS

Nous tenons à remercier tout ceux qui ont contribué à cette publication, notamment : Delphine Rouchy, Agathe, Alix, Éloïse, Amandine et Landéric. Merci enfin à nos « voix ».

Tous les textes et documents de cet ouvrage ont fait l'objet d'une autorisation préalable de reproduction. Malgré nos efforts, il nous a été impossible de trouver les ayants droit de certaines œuvres. Leurs droits sont réservés aux Éditions Maison des Langues et Difusión.

© Difusión, Centre de Recherche et de Publications de Langues, S.L., 2019
ISBN : 978-84-17260-93-4
Réimpression : mars 2022
Imprimé dans l'UE

Toute forme de reproduction, distribution, communication publique et transformation de cet ouvrage est interdite sans l'autorisation des titulaires des droits de propriété intellectuelle. Le non-respect de ces droits peut constituer un délit contre la propriété intellectuelle (art. 270 et suivants du Code pénal espagnol).

www.emdl.fr/fle

SOMMAIRE

Unité 1
À TABLE ! — P. 5

Leçon 1	p. 6
Leçon 2	p. 8
Leçon 3	p. 10
autoévaluation	p. 12

Unité 2
VOYAGES ! — P. 13

Leçon 1	p. 14
Leçon 2	p. 16
Leçon 3	p. 18
autoévaluation	p. 20

Unité 3
DEMAIN — P. 21

Leçon 1	p. 22
Leçon 2	p. 24
Leçon 3	p. 26
autoévaluation	p. 28

Unité 4
MON MONDE — P. 29

Leçon 1	p. 30
Leçon 2	p. 32
Leçon 3	p. 34
autoévaluation	p. 36

Unité 5
À VOS MARQUES — P. 37

Leçon 1	p. 38
Leçon 2	p. 40
Leçon 3	p. 42
autoévaluation	p. 44

Unité 6
INFORMONS-NOUS — P. 45

Leçon 1	p. 46
Leçon 2	p. 48
Leçon 3	p. 50
autoévaluation	p. 52

UNITÉ 7
MA MUSIQUE — P. 53

Leçon 1	p. 54
Leçon 2	p. 56
Leçon 3	p. 58
autoévaluation	p. 60

UNITÉ 8
MES ORIGINES — P. 61

Leçon 1	p. 62
Leçon 2	p. 64
Leçon 3	p. 66
autoévaluation	p. 68

DELF — P. 69

TRANSCRIPTIONS — P. 78

À LA UNE

LOANE

C'est une jeune Française originaire de Martinique, une île des Antilles françaises. Elle habite dans la ville principale, Fort-de-France, et son activité préférée, c'est la cuisine. Et elle adore manger aussi !

STANLEY

Il habite en Haïti dans la ville de Port-au-Prince. Il adore voyager et faire découvrir son pays aux étrangers qui viennent le visiter. Il a un caractère assez aventureux et il n'a pas peur de faire de nouvelles expériences !

JULIETTE

Elle vient de Poitiers, en France. Elle aime aller dans les parcs d'attractions et essayer de nouvelles choses, comme manger de la glace aux insectes !

LUCAS

Il habite à Grenoble, une ville française dans les Alpes. Durant son temps libre, il adore lire des romans qui parlent de la vie d'adolescents comme lui.

MAEVA

Elle vit sur l'île de Tahiti, en Polynésie française. Elle est très sportive et adore découvrir de nouvelles activités traditionnelles.

NOÉLIE

Elle est française et elle habite à Montpellier. Noélie est une journaliste en herbe : elle fait des reportages pour le journal de son collège et elle a un blog.

BENJA

Il habite à Antananarivo, à Madagascar. Il est fan de musique, surtout de rock. Son activité préférée ? Assister à des festivals de musique et découvrir de nouveaux artistes.

AHMED

Il est tunisien et il habite à Tunis. Sa famille a des origines différentes. Ahmed parle plusieurs langues et s'intéresse beaucoup aux cultures qui l'ont influencé.

UNITÉ 1
À TABLE !

↑ Palais de justice, Fort-de-France

Que sais-tu de Loane ?

Complète les informations sur Loane.

a. Dans quelle ville elle habite ? ....
b. Quelle est sa nationalité ? ....
c. Où se trouve sa ville ? ....
d. Écris deux choses qu'elle aime. ....
e. De quoi parle-t-elle sur son blog ? ....

cinq **5**

LEÇON 1 | *Je parle des plats*

1. L'ARTICLE PARTITIF

A Qu'est-ce qu'on prend au petit déjeuner dans le monde ?

a. Complète avec les articles partitifs *du*, *de la*, *des*.

1. En France, on mange .... baguettes avec .... beurre, ... confiture et .... croissants. On boit .... café et .... jus d'orange.
2. Au Japon, on mange .... soupe miso avec .... tofu, ... saumon avec .... légumes et .... riz. On boit .... thé vert.
3. Au Brésil, on mange .... mangue ou .... papaye, ... pain avec .... miel. On boit .... café et .... jus de fruits.
4. Au Maroc, on mange .... crêpes avec .... miel et .... beurre, et .... salade d'orange à la cannelle. On boit .... thé vert à la menthe.

b. Et toi, qu'est-ce que tu prends ? Dessine ton petit déjeuner, dis ce que tu manges et ce que tu bois.

Pour le petit déjeuner, je prends ....
....

B Voici deux recettes de cocktails. Complète-les en utilisant les articles partitifs *du*, *de la*, *de l'*, *des*.

Cocktail à trois étages

Ingrédients
.... jus d'orange
.... jus d'ananas
.... sirop de grenadine

Pour la décoration
.... sucre en poudre
.... raisin blanc
un cure-dents

Piña colada sans alcool

Ingrédients
.... vanille   .... jus d'ananas
.... lait de coco   .... glaçons
.... jus de banane

Pour la décoration
.... kiwi
.... citron
.... orange

2. QUEL EST LE MENU DU JOUR ?

A Écoute la conversation et barre les plats qui ne sont pas proposés au menu d'aujourd'hui.

Qu'est-ce que l'élève a choisi dans le menu du jour ?

....

3. LE PRONOM *EN*

A Que remplace le pronom *en* ? Retrouve l'image ou les images correspondant à ce que ces personnes ne peuvent pas manger et complète les réponses.

1. Pat est intolérant au gluten. Il ne peut pas **en** manger. → en = ...
2. Lili est végétarienne. Elle n'**en** mange pas. → en = ...
3. Doriane fait un régime sans sucre. Elle ne peut pas **en** prendre. → en = ...
4. Tiago est allergique au lait. Il ne peut pas **en** boire. → en = ...

DU GÂTEAU AU CHOCOLAT **DES PÂTES À LA BOLOGNAISE** **UN CHOCOLAT VIENNOIS** **UN STEAK HACHÉ - FRITES**

B Réponds aux questions en utilisant le pronom *en*.

Exemple : Tu veux du lait ? Oui, j'en veux bien merci. / Non, je n'en veux pas.

1. Tu veux du fromage ? Oui, ...
2. Ils mangent beaucoup de sucre ? Oui, ...
3. Elle boit de l'eau ? Non, ...
4. Vous avez déjà mangé du couscous ? Non, ...

LEÇON 2 | *Je parle des goûts et des habitudes alimentaires*

1. LES GOÛTS ET LES SAVEURS

A Retrouve dans le nuage de mots les saveurs contraires !
Tu peux t'aider d'un dictionnaire.

croquant doux acide piquant amer sucré fondant crémeux fade mou épicé dur sec salé

1. acide ≠ amer
2. .... ≠ ....
3. .... ≠ ....
4. .... ≠ ....
5. .... ≠ ....
6. .... ≠ ....
7. .... ≠ ....

B Écoute les commentaires et coche la bonne réponse.
Piste 2

1. Il aime ☐ n'aime pas ☐ le cassoulet.
2. Elle aime ☐ n'aime pas ☐ le gratin de chou-fleur.
3. Elle aime ☐ n'aime pas ☐ le fondant au chocolat.
4. Il aime ☐ n'aime pas ☐ les endives.

C Selon le site cuisineaz.com, voici les légumes que les Français détestent le plus.
Et toi, tu aimes ça ? Exprime tes goûts en utilisant les mots en étiquette.

Être fan de   Adorer   Ne jamais se lasser de   Se régaler

L'épinard, ...
Le chou de Bruxelles, ...
Le brocoli, ...

L'endive, ...
L'asperge, ...
L'avocat, ...

8 huit

2. LES QUANTITÉS

A Qu'est-ce qu'une alimentation équilibrée ? Observe le graphique et dis si ces affirmations sont vraies ou fausses. Corrige l'affirmation si tu as coché « Faux ».

	VRAI	FAUX
1. On doit boire beaucoup d'eau.	☐	☐
2. On doit manger plus de légumes, moins de céréales et de pommes de terre.	☐	☐
3. Si je consomme des produits laitiers (lait, fromage, yaourt) deux fois par semaine, c'est trop.	☐	☐
4. On ne doit pas manger de matières grasses (beurre, huile).	☐	☐
5. Je peux consommer quelques produits sucrés (bonbons, gâteaux, sucres) en petites quantités.	☐	☐

B Tu organises une fête d'anniversaire. Décris-la en associant un adverbe de quantité et un nom. Attention aux accords !

quelques • beaucoup de • un peu de • plus de • assez de • pas trop de

ami • gâteau • boisson • décoration • musique • cadeau

Pour faire une super fête d'anniversaire...

1. J'invite quelques amis.
2. Il y a ....
3. ....
4. ....
5. ....
6. ....

neuf 9

LEÇON 3 | *Je parle de recettes*

1. JE FAIS LA CUISINE

A Mets les lettres dans le bon ordre pour trouver les mots illustrés.
Puis trouve le dernier mot en ordonnant les lettres entourées.
Un indice : de citron ou d'orange, elle décore vos verres ou vos plats !

TOP ☐☐☐

HETCAS ☐☐☐☐☐☐

AGMRME ☐☐☐☐☐◯

CNHARTE ☐◯☐◯☐☐☐

LEUBIELOT ☐◯☐☐☐☐◯◯☐

BOETI ☐☐☐☐◯

☐☐☐D☐☐☐☐

B La recette de la tortilla !

a. Écris le nom des ingrédients nécessaires pour faire la tortilla.

Les ingrédients

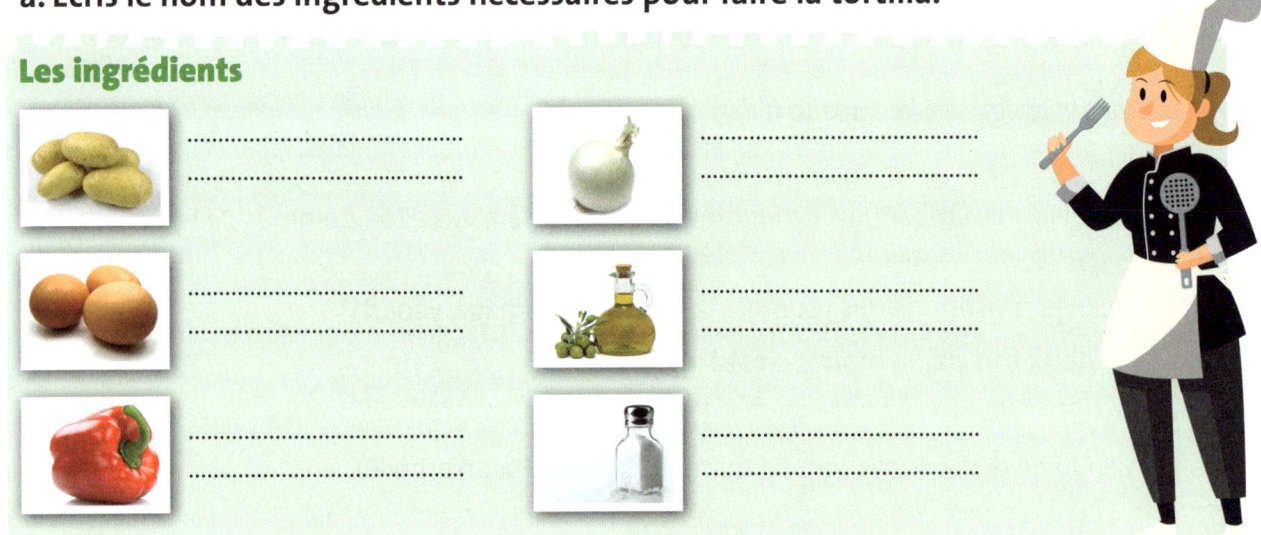

b. Complète la recette avec les verbes suivants.

saler	faire cuire	égoutter	verser	remuer
couper	éplucher	mettre	chauffer
faire cuire	mélanger	retourner	battre

Les étapes

1. .... et .... les pommes de terre, l'oignon et le poivron. .... le tout dans un saladier et ....
2. .... dans une poêle une bonne quantité d'huile. .... l'eau formée par les légumes avec le sel et .... le tout dans l'huile bien chaude.
3. .... 10 minutes à feu moyen et .... de temps en temps.
4. .... les œufs et .... avec les légumes.
5. .... le mélange dans la poêle bien chaude.
6. .... 5 minutes et faire glisser l'omelette sur une assiette. .... la tortilla d'un geste vif et laisser cuire 5 minutes de l'autre côté.

2. STOP AU GASPILLAGE ALIMENTAIRE !

A Écoute les témoignages de ces quatre personnes et associe leurs prénoms à leurs gestes antigaspi.

Piste 3

1. Nina   2. Liam   3. Moussa   4. Margaux

1. Ne pas faire trop de courses à l'avance. → ....
2. Faire attention à la date limite de consommation des produits frais. → ....
3. Ne pas jeter les restes. → ....
4. Congeler les restes pour les cuisiner plus tard. → ....
5. Toujours finir son assiette. → ....
6. Partager notre nourriture avec les autres. → ....
7. Ne pas avoir les yeux plus gros que le ventre. → ....
8. Se servir des petites portions. → ....

B Et toi ? Est-ce que tu réalises au moins un de ces gestes antigaspi ?

....
....
....

C Observe ces slogans contre le gaspillage. Imagine et présente un nouveau slogan pour lutter contre le gaspillage.

AUTOÉVALUATION

Je sais utiliser les articles partitifs et définis pour parler d'alimentation.

1. Complète avec l'article qui convient : *du, de l', de la, des, de* ou *le, la, les* ?

a. J'adore .... pâtes et .... riz. Mais je déteste .... cassoulet.
b. Pour une alimentation équilibrée, mangez .... fruits et .... légumes, ... viande et .... poisson, ... produits laitiers et .... pain.
c. - Il y a .... fromage ? - Non, mais il y a .... crème.
d. Tu aimes .... chocolat ? Tu veux .... gâteau au chocolat ?
e. Il n'y a pas .... viande dans ce plat ? Je suis végétarienne.

Je sais utiliser le pronom « en ».

2. Transforme les phrases avec le pronom *en*.

Exemple : J'ai acheté des bonbons. → J'en ai acheté.

a. Je ne veux pas de soupe. → ....
b. Tu ne manges pas d'œufs ? → ....
c. Il boit trop de sodas. → ....
d. Vous n'avez pas acheté de yaourts. → ....
e. Nous allons préparer des crêpes. → ....
f. Elles ne boivent pas assez d'eau. → ....

Je sais utiliser les articles partitifs avec « il y a / il n'y a pas ».

3. Entoure l'article qui convient !

a. Dans le colombo antillais, il y a **du** – **des** – **de** poulet.
b. Dans ce plat, il n'y a pas **du** – **des** – **de** raisins secs.
c. Dans la galette, il y a **du** – **des** – **de** œufs.
d. Dans mon gâteau, il y a un peu **du** – **des** – **de** lait.
e. Dans cette recette, il y a beaucoup **du** – **des** – **de** sucre.

Je sais exprimer mes goûts et préférences alimentaires.

4. Associe les expressions avec la bonne émoticône.

a. C'est un vrai régal ! → 😀 😐 😭
b. Je ne suis pas fan de ça. → 😀 😐 😭
c. C'est trop bon ! → 😀 😐 😭
d. Je déteste les haricots. → 😀 😐 😭
e. Je suis intolérant au café. → 😀 😐 😭
f. Je n'ai jamais aimé le poisson. → 😀 😐 😭
g. J'adore les tomates. → 😀 😐 😭
h. Je suis allergique aux cacahuètes. → 😀 😐 😭

Je sais écrire une recette de cuisine.

5. Écris les instructions pour la recette de la compote de pommes.

a. ....
b. ....
c. ....
d. ....
e. ....
f. Laisser refroidir et servir. Bon appétit !

UNITÉ 2
VOYAGES

↑ La citadelle Laferrière

Que sais-tu de Stanley ?

Complète les informations sur Stanley.

a. Dans quelle ville il habite ? ....

b. Quelle est sa nationalité ? ....

c. Quel est son caractère ? ....

d. Écris deux choses qu'il aime. ....

e. De quoi parle-t-il sur son blog ? ....

LEÇON 1 | *Je parle de mes vacances*

1. J'ADORE LES VACANCES

A Écoute ces trois adolescents parler de leurs vacances et complète le tableau.
Piste 4

	Maël	Coralie	Quentin
LIEUX			
LOGEMENTS			
MOYENS DE TRANSPORT			

B Écoute à nouveau et relève les expressions d'enthousiasme des trois adolescents.
Piste 4

Maël : ....

Coralie : ....

Quentin : ....

2. PASSÉ COMPOSÉ OU IMPARFAIT ?

A Observe l'illustration et raconte le voyage de Pierre en alternant le passé composé et l'imparfait.

....

....

....

B Complète cet e-mail de Lucie en conjuguant les verbes à l'imparfait ou au passé composé.

De : Lucie2012@reporter.fr
Objet : Vacances d'été

Salut Ella,

Comment vas-tu ?

Je .... (partir) en Australie avec mes parents. C'était super !! Il .... (faire) très chaud et nous .... (aller) à la plage ! Il y .... (avoir) beaucoup de touristes.

Il faut que je te raconte une histoire incroyable qui .... (se passer) à la plage. On .... (faire) du surf avec mon frère, on .... (s'amuser) bien quand soudain j'........................ (entendre) un cri...

Tout le monde .... (commencer) à courir pour se rendre sur la plage. Avec mon frère, nous .... (nager) le plus vite possible pour rejoindre la plage. Quand nous .... (sortir) de l'eau, nous .... (regarder) l'horizon et nous .... (voir) un requin !!! J'........................ (avoir) super peur !!

Et toi, comment se passent tes vacances ?

C Raconte les anecdotes de vacances de ces adolescents au passé composé et à l'imparfait en utilisant les éléments proposés.

1. Julien / faire le tour des châteaux de la Loire / pleuvoir tous les jours.
....

2. Paula / visiter Dakar / ne pas aimer / y avoir trop de trafic.
....

3. Laurianne / ne pas aller à la plage / faire trop chaud.
....

4. Elisa / aller au marché en fer à Port-au-Prince / aimer / y goûter beaucoup de plats exotiques.
....

5. Paul / nager dans la mer / voir une méduse / avoir très peur.
....

3. ÇA M'A VRAIMENT PLU !

A Choisis une situation de voyage parmi les suivantes et commente-la à l'aide des expressions que tu connais.

Situation 1 Excursion ou voyage de classe
Situation 2 Vacances en pleine nature
Situation 3 Vacances culturelles

Quand je suis allé(e) avec mes parents faire du camping dans les Landes, j'ai adoré !

LEÇON 2 | *Je parle des monuments et des sites touristiques*

1. SITES ET MONUMENTS

A Trouve les noms de monuments et de sites touristiques dans ce nuage de mots et associe-les avec le lieu auquel ils correspondent. N'oublie pas les articles !

château
pyramide
fontaine
église   statue   pont
parc   pont
musée   porte
cathédrale
mosquée
citadelle

1. .... de la liberté
2. .... Notre-Dame de Paris
3. .... du Louvre
4. .... de Versailles
5. .... de Gizeh
6. .... de Brandebourg
7. .... de Cordoue
8. .... du Mont-Royal

B La famille Chopin s'est réunie pour discuter de ses vacances. En fonction des goûts de chacun, choisis la proposition qui convient le mieux à toute la famille.

Le père :
VISITES DE MONUMENTS, RANDONNÉE EN MONTAGNE, PLANCHE À VOILE

La mère :
BALADE À VÉLO, VISITES DE MONUMENTS, RANDONNÉE

Elsa :
BAIGNADE, SURF, PLONGÉE SOUS-MARINE

Noah :
PLONGÉE SOUS-MARINE, BAIGNADE, KAYAK

SÉJOUR À CALVI (CORSE)
baignade
randonnée en montagne
visite de la citadelle
plongée sous-marine

SÉJOUR À LA ROCHELLE
baignade
visite de l'Aquarium
balade à vélo
kayak de mer

SÉJOUR À COLLIOURE
baignade
planche à voile
plongée sous-marine
Musée d'art moderne

2. LES PRONOMS RELATIFS *QUI, QUE, OÙ*

A Complète ces devinettes avec *qui, que, où* et devine de quoi on parle.

Fort-de-France   les crêpes   le créole
la Grande Braderie   Yannick Noah   Vincent Van Gogh

1. C'est un événement .... a lieu dans le Nord de la France .... l'on peut acheter de nombreux objets pas chers. → ....
2. C'est une ville française .... se trouve dans les Caraïbes. → ....
3. C'est un plat .... l'on mange en Bretagne. → ....
4. C'est une langue .... l'on parle en Martinique et en Guadeloupe. → ....
5. C'est un ancien joueur de tennis .... est aussi chanteur et acteur. → ....
6. C'est un peintre hollandais .... a longtemps vécu en France. → ....

B Entoure les pronoms relatifs qui conviennent pour compléter.

POURQUOI LA CAPITALE DE LA FRANCE EST-ELLE SURNOMMÉE LA VILLE LUMIÈRE ?

On dit que Paris est une ville **qui - que - où** ne dort jamais. Il y a partout des restaurants **qui - que - où** on peut goûter des plats français et d'autres cuisines aussi.
Le monument parisien **qui - que - où** tout le monde connaît, c'est la tour Eiffel, mais il y a d'autres monuments **qui - que - où** valent la peine d'être visités, comme l'Arc de Triomphe ou la basilique du Sacré-Cœur. Le Louvre est le musée **qui - que - où** se trouvent des tableaux parmi les plus célèbres au monde.
À Paris, vous trouverez aussi des lieux calmes et romantiques, comme Montmartre, **qui - que - où** vous pouvez choisir pour une promenade en amoureux.
C'est une ville **qui - que - où** surprend toujours !

C Parle de tes goûts en utilisant les pronoms relatifs et les mots en étiquettes.

le football   étudier à l'étranger   la France   vivre sur une île
faire du shopping   visiter des musées   voyager en avion

La France est un pays où j'aimerais aller. Le football est un sport que je déteste.

LEÇON 3 | *Je parle de mes expériences de voyage*

1. J'AI FAIT PLEIN DE CHOSES

A Julie et Antoine se racontent leurs vacances. Écoute et coche la bonne case. Puis corrige les phrases fausses.
Piste 5

1. Julie est partie en vacances avec ses parents. VRAI ☐ FAUX ☐

2. Antoine est allé en Corse. VRAI ☐ FAUX ☐

3. Antoine n'a pas fait de surf car l'eau était froide. VRAI ☐ FAUX ☐

4. Julie a déjà fait un baptême de plongée à Ajaccio. VRAI ☐ FAUX ☐

5. Antoine a surtout fait des randonnées dans la montagne. VRAI ☐ FAUX ☐

B Et toi ? Raconte un souvenir de voyage.

2. L'EXPRESSION DU TEMPS

A Observe ces lignes du temps et construis des phrases avec les éléments proposés et les expressions de temps : *il y a, depuis, dans*.

J'ai fait un séjour à Berlin il y a 2 ans. J'habite en France depuis 2 ans. Dans 1 mois, je vais déménager en Allemagne.

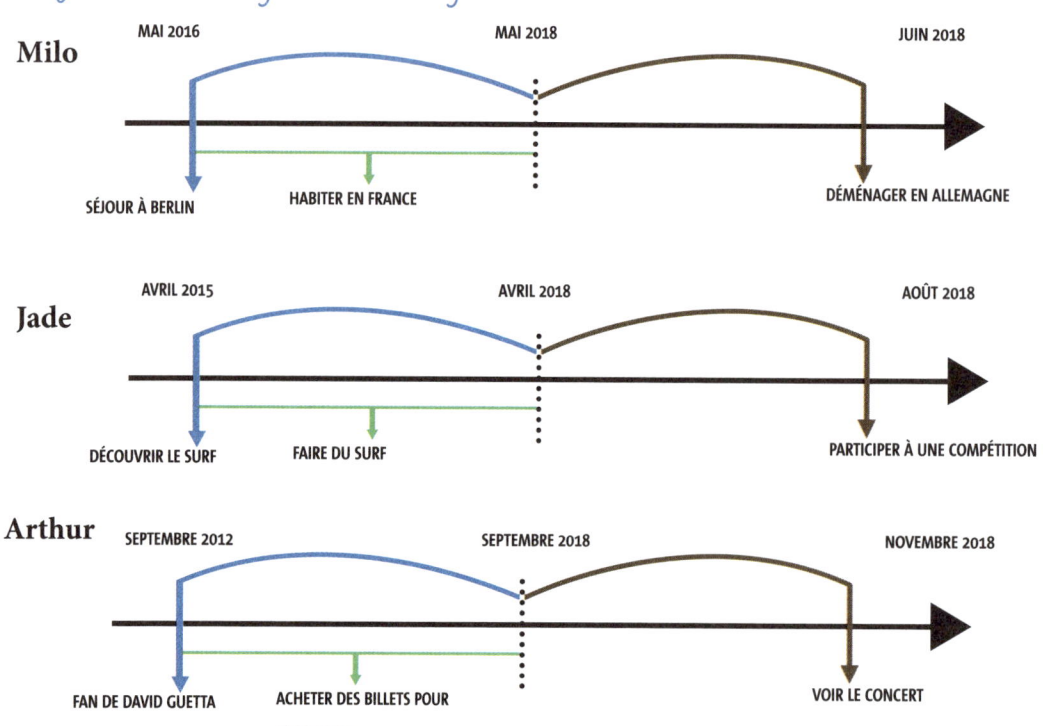

18   dix-huit

B À toi maintenant, complète ta ligne du temps.

3. LES MARQUEURS TEMPORELS

A En t'aidant des informations entre parenthèses, complète le texte avec les marqueurs temporels. Nous sommes le 30 août 2018.

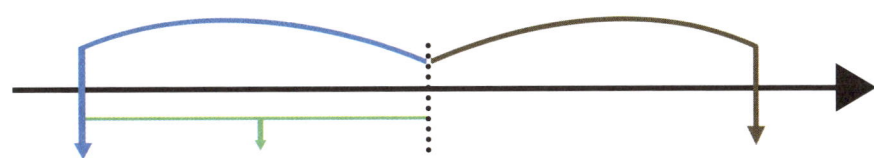

De : Eva2012@reporter.fr
Objet : Vacances d'été

Salut Eva,

Comment vas-tu ? Je n'ai pas eu le temps de t'écrire parce que je suis bien occupée pour ces vacances.
Je suis arrivée à Marseille. (Du 20 au 28 août) .... , nous étions en Espagne
chez mes cousins. (Le 30 août 2018) .... , nous avons visité le Muceum.
J'ai adoré ! (Le 29 août 2018) .... , nous avons passé une journée tranquille
à la plage parce que (le 28 août 2018) .... , j'ai eu le mal de mer lors de la balade
en bateau, quelle horreur !! (Le 31 août) .... , je vais commencer un stage
de planche à voile. (En 2017) .... , j'ai fait du surf et je n'ai pas aimé rester tout le
temps dans l'eau !

Et toi ? Comment se passent tes vacances ?

B Mets les phrases dans l'ordre puis complète avec les marqueurs temporels en étiquette.

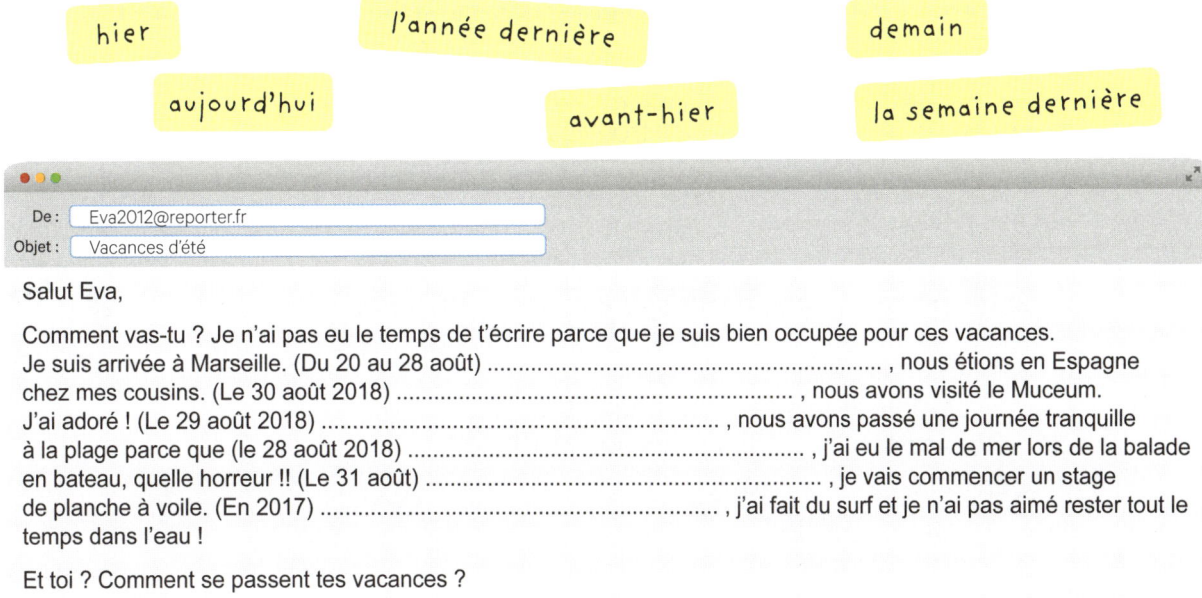

AUTOÉVALUATION

Je sais utiliser en alternance le passé composé et l'imparfait.

1. **Conjugue les verbes au passé composé ou à l'imparfait.**

   L'année dernière, nous .... (**passer**) nos vacances en France. D'abord, nous .... (**aller**) dans le Sud, à Nice. Nous .... (**loger**) dans un camping. Il y .... (**avoir**) beaucoup de monde et il .... (**faire**) très chaud. Ensuite, nous .... (**partir**) dans les Alpes. J' .... (**faire**) de l'escalade !! Au début, j' .... (**avoir**) peur mais finalement j' .... (**adorer**) ! Finalement, nous .... (**prendre**) l'avion pour Lille. C' .... (**être**) génial parce que nous .... (**aller**) à la Grande Braderie. J'ai acheté plein de choses !

Je sais utiliser les pronoms relatifs « qui », « que », « où ».

2. **Complète les phrases avec *qui, que, qu', où*.**

   a. Paris est une ville .... il y a beaucoup de touristes.
   b. La poutine est un plat .... on peut manger au Québec.
   c. La Latina est un quartier de Madrid .... je connais bien.
   d. Le Mucem est un musée .... se trouve à Marseille.
   e. Haïti est l'île .... sont nés mes grands-parents.

Je sais utiliser les expressions de temps.

3. **Complète les phrases avec *depuis, il y a, dans, jusqu'à*.**

   a. Nous sommes amis .... 15 ans.
   b. .... 3 mois, je suis parti vivre aux États-Unis.
   c. Je suis en vacances .... la semaine prochaine.
   d. Il habite en Italie .... 2014.
   e. On a cours .... 15 heures.
   f. .... 2 jours, c'est les vacances !!

Je sais utiliser les marqueurs temporels.

4. **Observe les photos et dis ce qu'Elias a fait et ce qu'il va faire. Nous sommes le samedi 3 mars 2018.**

MARS 2018 — jeudi 1er : commencer des cours d'anglais

MARS 2018 — vendredi 2 : visiter le musée Jules Verne

MARS 2018 — lundi 5 : aller voir un match de foot

AVRIL 2018 — passer un examen d'anglais

AVRIL 2019 — partir étudier en Angleterre

UNITÉ 3
DEMAIN

↑ Vue de Poitiers

Que sais-tu de Juliette ?

Complète les informations sur Juliette.

a. Dans quel pays elle habite ? ....

b. Dans quelle ville elle vit ? ....

c. Écris deux choses qu'elle aime. ....

d. Est-ce qu'elle aime manger des choses qu'elle n'a jamais goûté ? ....

e. De quoi parle-t-elle sur son blog ? ....

LEÇON 1 | *Je parle du logement du futur*

1. ON HABITERA...

A Observe les formes verbales suivantes et complète le tableau avec leur infinitif.

viendras pourront se trouvera bronzerez choisirez acheterai verrai construirons ferez regarderont seront mettrai habiterons volera suivra prendras aurons joueront vivrai dormirai voyagerez grandirons

Verbes en -er	Verbes en -ir	Verbes en -re	Verbes irréguliers

B Mets les lettres dans le bon ordre pour trouver des formes verbales irrégulières au futur.

(TU) ERSAS — S E R A S

(ON) ERRAV — ☐☐☐☐☐

(J') RAUAI — ☐☐☐☐☐

(ILS) TONRAU — ☐☐☐☐☐☐

(VOUS) IENVDRZE — ☐☐☐☐☐☐☐☐

(NOUS) SONAUR — ☐☐☐☐☐☐

(TU) ASOURRP — ☐☐☐☐☐☐☐

(ELLES) ERFONT — ☐☐☐☐☐☐

C *Piste 6* — Écoute le dialogue entre Nathalie et Charlotte et dis si les affirmations sont vraies ou fausses.

	VRAI	FAUX
1. Charlotte et Nathalie doivent faire un travail en espagnol sur la vie de leurs grands-parents.	☐	☐
2. Nathalie a déjà commencé ce travail.	☐	☐
3. Plus tard, Charlotte habitera à la campagne avec sa famille.	☐	☐
4. Ils utiliseront des panneaux solaires pour se chauffer en hiver.	☐	☐
5. Nathalie vivra loin de la ville pour éviter la pollution et les nuisances sonores.	☐	☐

2. DES OBJETS

A Écris le nom des objets de la maison aux bons endroits.

frigo — table — micro-ondes — douche — canapé — réveil
lampe — lit — miroir — four — armoire — machine à laver

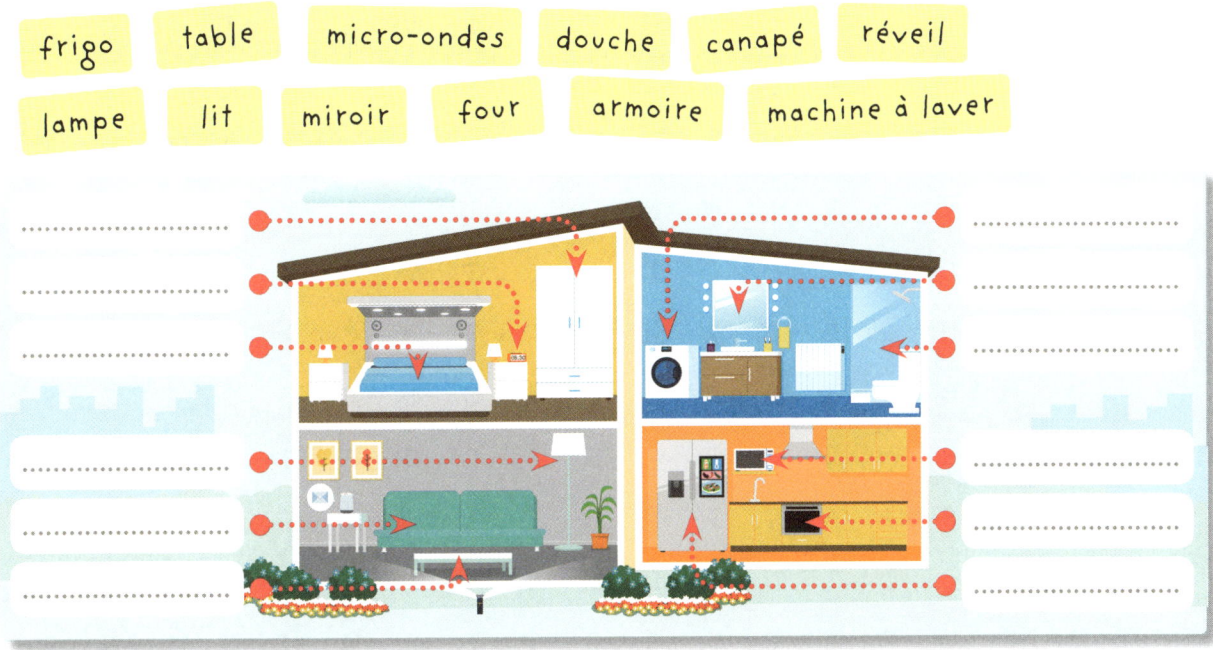

B Associe les contraires. Puis écris 4 phrases en utilisant plusieurs de ces mots. Tu peux t'aider d'un dictionnaire.

allumer	fermer
brancher	décharger
ouvrir	arrêter
démarrer	éteindre
charger	débrancher

Allume la lumière, s'il te plaît.
....
....
....
....

C 1. Entoure la bonne réponse pour compléter la fiche du produit.

Elle se situera dans notre poignet et elle permettra de contrôler et de programmer des actions à distance via une **smartphone - application** qui sera sur notre téléphone portable. Elle sera **connectée - installée** à un compte **intelligent - en ligne** sur Internet. Pour payer, il suffira de tendre le bras et le paiement sera **connecté - automatisé**. Cet **objet - programme** va révolutionner la façon de vivre et d'interagir des gens.

2. De quel produit il s'agit ?

❏ une voiture autonome ❏ une micropuce ❏ un robot gardien

vingt-trois **23**

LEÇON 2 | *Je parle de l'éducation et de la ville du futur*

1. C'EST SÛR ?

A Retrouve les 10 mots cachés sur l'école.

G	A	F	Ç	H	U	S	H	E	L	E	V	E	Y	T	S	U	R
R	E	O	C	E	B	U	T	S	T	L	A	P	B	H	O	L	K
H	D	T	R	L	Ç	F	L	S	N	S	E	E	Ç	R	L	O	R
O	U	E	I	R	E	N	N	O	S	L	P	L	E	X	R	H	U
Z	A	E	H	E	O	Ç	I	L	P	T	M	U	M	C	G	D	E
E	I	U	L	C	A	R	A	P	D	F	W	C	A	C	D	G	S
P	U	B	U	R	E	A	U	Ç	L	O	L	H	T	O	I	Z	S
F	N	B	W	E	I	E	E	B	B	B	O	E	H	Q	O	N	E
K	W	S	J	A	T	E	R	H	C	L	A	S	S	E	M	Z	F
I	L	Ç	I	T	N	O	D	M	S	A	X	A	X	T	V	E	O
Y	Z	M	F	I	B	R	S	E	T	T	E	N	U	U	I	N	R
A	N	E	T	O	K	J	T	P	O	G	C	D	F	D	R	T	P
L	I	N	U	N	T	S	R	I	O	V	E	D	A	I	N	O	M
B	A	O	R	I	S	C	P	T	Q	B	U	I	L	E	A	C	Y
C	G	F	A	D	I	E	C	F	Z	Y	Ç	A	P	R	X	I	A

B Complète les phrases suivantes avec *dans, en, un jour* ou *demain*.

1. .... 2040, tous les bâtiments seront équipés de panneaux solaires.
2. .... tout le monde paiera par carte, la monnaie n'existera plus.
3. .... j'irai à la bibliothèque pour réviser avant mes examens.
4. .... 50 ans, les citoyens utiliseront des voitures sans conducteurs.

C Écoute et coche selon le degré de certitude.

Piste 7

	C'est impossible	Peut-être	C'est sûr
Juliette ira au ciné ce week-end.			
Nicolas ira passer le week-end chez son oncle et sa tante.			
Mathilde viendra manger une crêpe.			

2. PLUS OU MOINS ?

A Écris le nom de ces éléments qu'on peut trouver dans la ville aux bons endroits.

immeuble   voiture   piscine   parc

1. .... 2. .... 3. .... 4. ....

B 1. Lis ces deux programmes électoraux pour Reporville et complète le tableau.

ÉLECTIONS POUR LA MAIRIE DE REPORVILLE !

Jérôme

Je m'appelle Jérôme et, pendant les quatre prochaines années, je m'engage à réorganiser le cœur de Reporville. Pour améliorer la qualité de vie des citoyens, je pense qu'il est indispensable de multiplier les salles de sport et les piscines, et de vider le centre-ville des voitures. Si vous me choisissez, on verra seulement des vélos et des véhicules électriques. Comme ça, nous diminuerons la pollution dans notre ville et le bruit aussi. Actuellement, nous avons 10 parcs dans Reporville, et mon objectif est d'arriver jusqu'à 25 ! Pour ça, je supprimerai les immeubles les plus anciens. Nous pourrons enfin avoir plein d'espaces verts.

Nadia

Je m'appelle Nadia et voter pour moi, c'est voter pour un nouveau Reporville. Fini les pesticides dans nos champs. Si vous m'élisez, je les interdirai tous. Je veux aussi transformer le stade en un grand parc. Pour notre ville, un seul stade suffit largement. Et si vous me choisissez, vous verrez se multiplier les petits commerces. Je trouve que c'est important pour la vie de quartier. En plus, j'augmenterai les aides pour les étudiants. Ils auront un accès gratuit à tous les transports publics et à toutes les activités culturelles : cinéma, théâtre, concerts, expositions, musées...

	Il y aura plus de...	Il y aura moins de...
Avec Jérôme		
Avec Nadia		

2. Et toi, tu voteras pour qui ? Justifie ta réponse en utilisant *plus de* et *moins de*.

Moi, je voterai pour... parce que...

LEÇON 3 | *J'imagine la vie dans le futur*

1. DANS LE FUTUR

A Associe les unités de temps similaires.

B Complète les phrases avec les verbes au présent ou au futur.

1. Dans 150 ans, les voitures **(pouvoir)** .... voler si les chercheurs en automobiles **(trouver)** .... une solution.
2. Si les différents pays **(miser)** .... sur les énergies renouvelables, il **(être)** .... possible de limiter le réchauffement climatique.
3. En 2100, la première colonie **(se construire)** .... sur la planète Mars si les recherches spatiales **(continuer)** .... d'évoluer.
4. Si les scientifiques **(mettre)** .... en commun certaines applications, il **(exister)** .... bientôt des robots domestiques capables de réaliser plusieurs tâches ménagères.
5. Dans le futur, si les populations **(manger)** .... plus sainement et **(faire)** .... plus d'activités physiques, les gens **(vivre)** .... plus longtemps et en meilleure santé.

C Fais quelques phrases pour décrire comment tu imagines ta vie dans 10 ans.

Dans 10 ans, je...

2. SI TOUT LE MONDE...

A Écris des phrases avec les éléments donnés.

1. les manuels scolaires / utilisera / ne personne / en 2060
   → ....

2. dans le futur / les taxis / y aura / ne personne / il / pour conduire
   → ....

3. se déplacera / bientôt / en voitures électriques / tout le monde
   → ....

4. tout le monde / les médecins / dans 50 ans / soigneront
   → ....

5. lira / dans le futur / personne ne / des livres papier /
   → ....

B Associe les débuts aux fins des phrases.

1.	Si je gagne au loto...		...tu arriveras trop tard.
2.	On viendra vous chercher...		...j'achèterai une maison à la plage.
3.	Nous irons jouer au tennis...		...je l'inviterai à mon anniversaire.
4.	Si tu ne prends pas ce train...		...si vous sortez plus tard ce soir.
5.	La porte ne s'ouvrira pas...		...si tu n'appuies pas sur le bouton.
6.	Si Léo s'excuse,		...s'il ne pleut pas demain.
7.	Si vous êtes en retard...		...si vous sonnez à la porte en pleine nuit.
8.	Le chien aboiera...		...le professeur ne vous laissera pas entrer.

C Pense aux habitudes des gens de ton pays ou de ta famille par rapport à la vie de tous les jours et écris des phrases avec *tout le monde* ou *personne*.

Dans ma famille, tout le monde recycle les déchets.

AUTOÉVALUATION

Je sais conjuguer le futur.

1. Retrouve six formes verbales au futur en associant ces pièces de puzzle.

POUR   PREN   FIN   DRA   PARL   RONS

VIEND   ERONT   IRAS   RAI   EZ   FER

a. je ....   c. elle ....   e. vous ....
b. tu ....   d. nous ....   f. ils ....

Je peux faire des hypothèses.

2. Complète avec les verbes à la forme qui convient.

a. Si tu **(venir)** .... au ciné samedi, on **(pouvoir)** .... voir le nouveau film de Spielberg.

b. Mon frère **(aller)** .... aux États-Unis s'il n'y **(avoir)** .... pas de grève aérienne.

c. Mes parents **(prendre)** .... l'avion si je **(partir)** .... vivre en Nouvelle-Calédonie.

d. Si tout le monde **(acheter)** .... une voiture électrique, la qualité de l'air en ville **(être)** .... meilleure.

Je sais utiliser les marqueurs temporels du futur.

3. Entoure la bonne réponse.

a. Les jeux traditionnels seront remplacés par des simulateurs virtuels **dans - en** 50 ans.

b. **Dans - Demain,** je dois aller voir ma grand-mère à l'hôpital.

c. **Dans - En** 2100, les voitures seront toutes automatisées.

d. **Un jour - Demain,** je parlerai plusieurs langues : le français, l'anglais et l'espagnol.

Je sais utiliser « tout le monde » et « personne ».

4. Écris le contraire.

a. Dans le futur, personne n'aura de robot. → ....

b. En 2100, personne ne sera végétarien. → ....

c. Dans deux siècles, tout le monde voyagera en train. → ....

UNITÉ 4
MON MONDE

↑ Les quais de l'Isère, Grenoble

Que sais-tu de Lucas ?

Complète les informations sur Lucas.

a. Dans quel pays il vit ? ....
b. Dans quelle ville il habite ? ....
c. Comment s'appelle son collège ? ....
d. Qu'est-ce qu'il adore faire pendant son temps libre ? ....
e. De quoi parle-t-il sur son blog ? ....

LEÇON 1 | *Je parle des relations avec ma famille*

1. TU PEUX… ?

A Complète les mots croisés avec les différentes formes du verbe *pouvoir* au présent.

VERTICAL
1. 3ᵉ personne du singulier
2. 2ᵉ personne du pluriel
3. 1ʳᵉ personne du singulier

HORIZONTAL
4. 2ᵉ personne du singulier
5. 1ʳᵉ personne du pluriel
6. 3ᵉ personne du pluriel

B 1. Écoute et complète ces dialogues entre Zoé et ses parents.

Piste 8

Zoé : Maman, ... me donner de l'argent pour aller au cinéma ? S'il te plaît !
Mère : .... ma chérie !

Zoé : Salut papa ! Tu peux me prêter ton téléphone, s'il te plaît ? Je n'ai plus de batterie.
Père : ...., mais je dois téléphoner tout de suite au bureau.

Zoé : .... m'offrir une console ? Allez ! Pour mon anniversaire !
Père : .... ! Pour Noël, tu as déjà eu un nouveau téléphone.
Mère : Mais tu ne voulais pas un week-end à la neige ?

Zoé : Et vous pouvez m'aider à préparer la fête de mon anniversaire ?
Père : .... !

2. Complète les résumés des dialogues de l'exercice 1 avec *de* ou *à*.

1. La mère de Zoé accepte .... lui donner de l'argent.
2. Le père de Zoé refuse .... lui laisser son téléphone.
3. Zoé demande .... ses parents .... lui acheter une console.
4. Ses parents acceptent .... l'aider .... préparer la fête de son anniversaire.

2. DES DEMANDES

A Écris les demandes suivantes.

1. Tu as oublié ton dictionnaire chez toi. Demande son dictionnaire à ton camarade.
   ....

2. Demande à tes sœurs de t'aider à réparer ton vélo.
   ....

3. Demande à ton / ta meilleur(e) ami(e) de te prêter son ordinateur.
   ....

4. Demande à tes copains de t'aider à peindre ta chambre.
   ....

B Écoute et associe les éléments pour retrouver ce que les personnes font ou décident de faire.

Piste 9

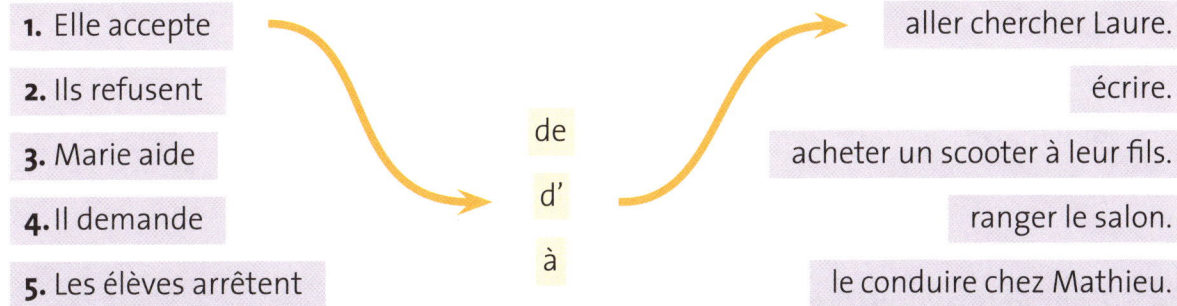

1. Elle accepte
2. Ils refusent
3. Marie aide
4. Il demande
5. Les élèves arrêtent

de / d' / à

aller chercher Laure.
écrire.
acheter un scooter à leur fils.
ranger le salon.
le conduire chez Mathieu.

C Lis ce blog et donne des conseils.

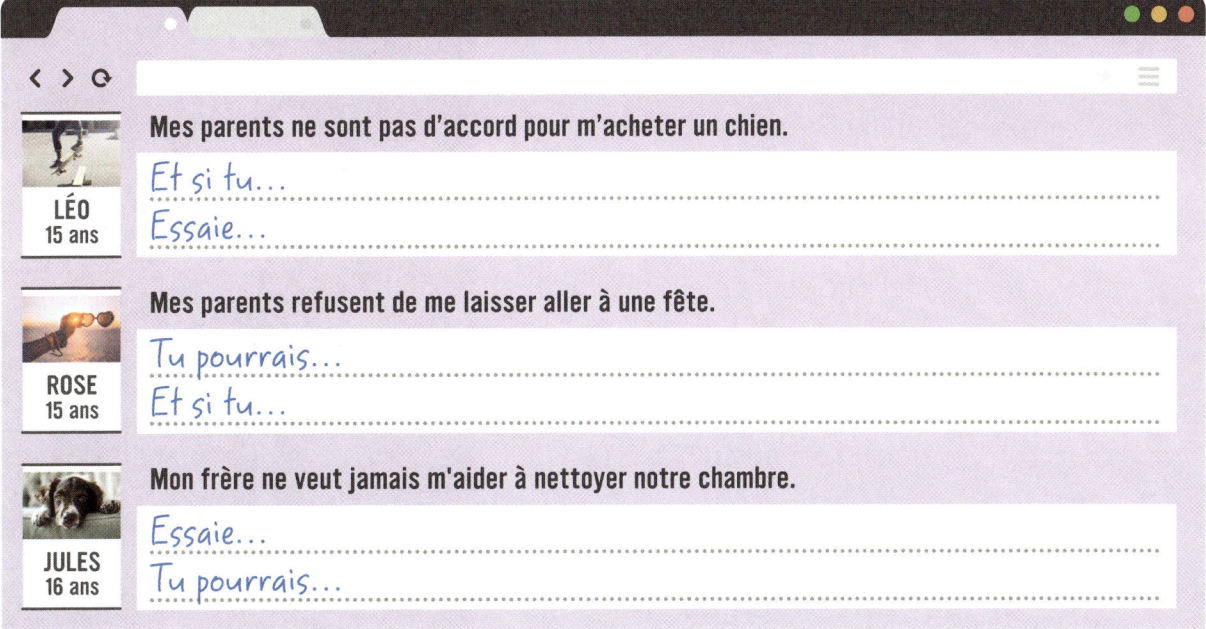

LÉO 15 ans — Mes parents ne sont pas d'accord pour m'acheter un chien.
Et si tu...
Essaie...

ROSE 15 ans — Mes parents refusent de me laisser aller à une fête.
Tu pourrais...
Et si tu...

JULES 16 ans — Mon frère ne veut jamais m'aider à nettoyer notre chambre.
Essaie...
Tu pourrais...

LEÇON 2 | *Je parle de mon collège et de mes professeurs*

1. JE LES ATTENDS

A Associe les phrases avec les personnes ou les objets dont on parle.

1. On l'utilise pour faire des opérations en maths.
2. On lui pose des questions quand on a des doutes en classe.
3. On ne l'aime pas, surtout quand il sonne le matin.
4. On le consulte pour chercher un mot en français.
5. On les souffle à chaque anniversaire.
6. On leur montre son passeport avant de monter dans l'avion.

☐ Le dictionnaire
☐ Le réveil
☐ Les hôtesses de l'aéroport
☐ La calculatrice
☐ Les bougies
☐ Le professeur

B Réécris chaque phrase en utilisant un pronom complément.

1. Elle parle à sa meilleure amie tous les jours au lycée. → ....
2. On va faire le prochain cours de littérature à la bibliothèque. → ....
3. Ils n'étudient pas leurs leçons. → ....
4. Je pose souvent des questions à mes professeurs. → ....
5. Tu écoutes la professeure quand elle parle. → ....
6. Je trouve la cantine trop petite. → ....
7. Fanny aime bien ses professeurs. → ....

C Complète avec le pronom complément qui convient.

• Les vacances, je .... attends avec impatience. J'en ai marre des cours et des examens.

o Moi, c'est pareil. J'ai hâte d'aller voir mes cousines en Bretagne, de pouvoir .... raconter comment ça se passe cette année au lycée. Surtout par rapport aux maths. Mes notes sont meilleures que jamais ! Et je pense que c'est grâce au nouveau prof.

• Je .... trouve cool, aussi. Ce n'est pas le typique prof sévère, on peut .... poser des questions.

o Oui, c'est clair !

D Comme Gabriel, donne ton avis sur le dernier livre que tu as lu. Utilise des pronoms compléments pour ne pas te répéter.

AVIS

C'est écrit sur ses lèvres

de Brigitte Aubonnet

Il y a 5 jours
Écrit par Gabriel | ★★★★☆

Histoire : Je **la** trouve très chouette et très bien racontée.

Personnages : Je **les** adore, les adolescents, et un peu moins les parents. Ils n'arrêtent pas de **leur** dire quoi faire et ne pas faire.

Message : Il parle de l'adolescence, des handicaps, de l'amour, des choix de vie... Je **le** trouve très riche et très touchant.

AVIS

....

de ....

Aujourd'hui
Écrit par .... | ☆☆☆☆☆

Histoire : ....

Personnages : ....

Message : ....

2. LES BONNES RÉPONSES

A Écoute et coche les bonnes réponses.

Piste 10

1. ☐ Salut ! Oui, ça va. Et toi ?

   ☐ Bonjour Madame. Comment allez-vous ?

2. ☐ Bonjour ! Une baguette et trois croissants, s'il te plaît.

   ☐ Bonjour ! Une baguette et trois croissants, s'il vous plaît.

3. ☐ Bonjour Madame Gautier ! Très bien, merci. Et vous ? Vous allez bien ?

   ☐ Salut ! Ça va. Et toi ?

B Réponds à ces messages.

1. **Grand-père**
C'est bizarre, mais je n'ai pas encore reçu ton message pour me souhaiter bon anniversaire.
19:13

....
....
19:14

2. **Olympe (meilleure amie)**
Tu veux passer le week-end prochain chez moi ? On organise une soirée Star Wars !
19:14

....
....
19:15

3. **Erwan (copain de judo)**
Ça fait 15 minutes que je t'attends à l'arrêt de bus. Tu as oublié notre rendez-vous pour préparer le prochain tournoi ?
19:16

....
....
19:17

LEÇON 3 | *Je parle de mes relations amicales*

1. LES RELATIONS

A Complète cette carte mentale de l'amitié.

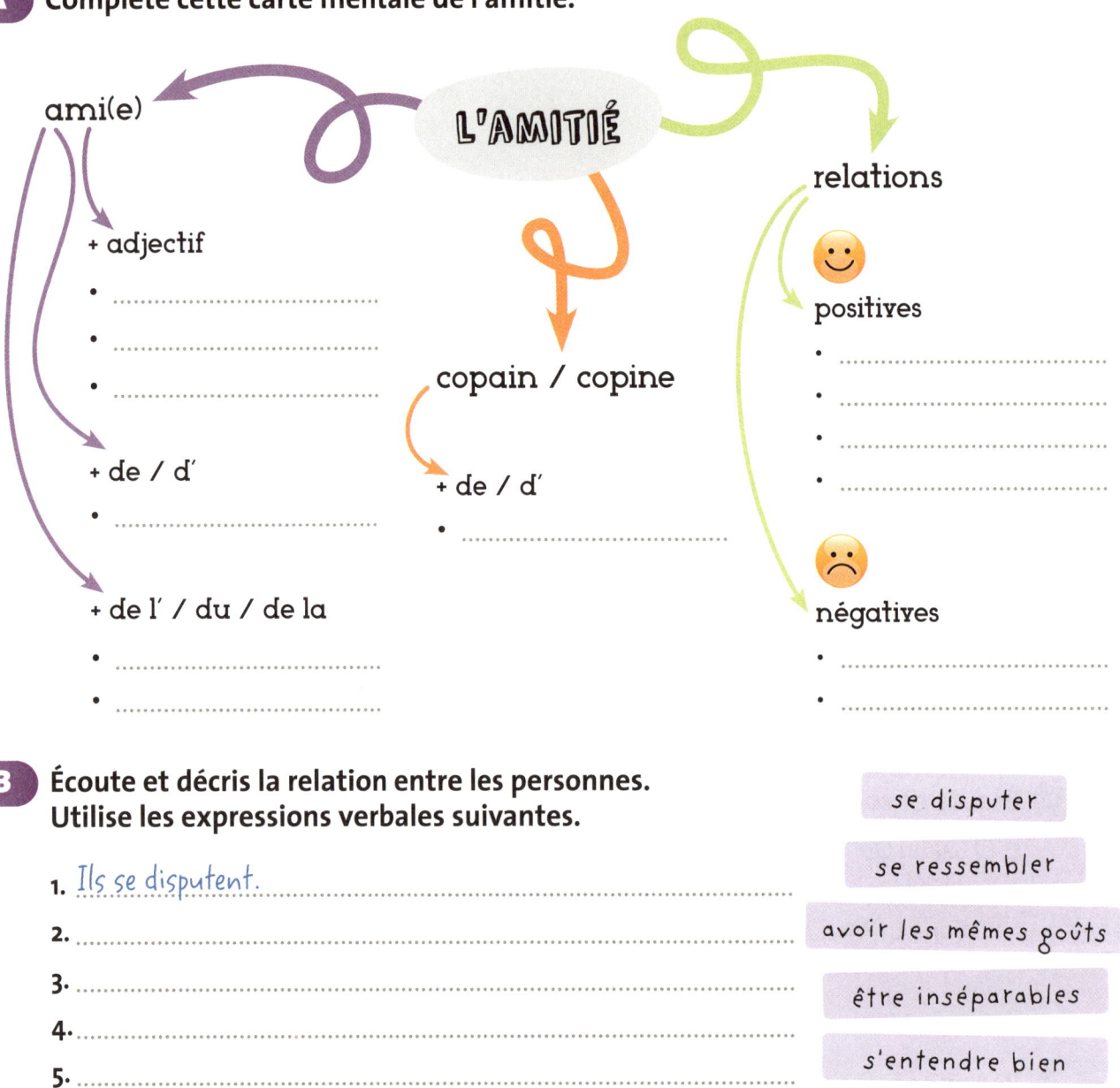

B Écoute et décris la relation entre les personnes. Utilise les expressions verbales suivantes.

Piste 11

se disputer
se ressembler
avoir les mêmes goûts
être inséparables
s'entendre bien

1. *Ils se disputent.*
2. ....
3. ....
4. ....
5. ....

2. QUEL CARACTÈRE !

A Lis ces définitions et écris l'adjectif qui correspond.

1. Une personne qui n'est pas habile ou qui peut manquer de tact pour dire les choses : ....

2. Une personne qui est sentimentale : ....

3. Une personne qui est réservée : ....

4. Une personne qui ose dire les choses : ....

5. Une personne qui fait rire les autres : ....

34 trente-quatre

B Classe les mots du nuage dans le tableau. Plusieurs réponses sont possibles.

insensible
malhabile réservé sociable
adroit rigolo indifférent sérieux
franc hypocrite drôle courageux
amusant sentimental ennuyeux

	Synonymes	Antonymes
Maladroit	....	....
Timide	....	....
Romantique	....	....
Direct	....	....
Marrant	....	....

C Utilise une étiquette de chaque colonne pour faire des phrases.

	les vacances d'été	ils ont essayé de parler français
	la classe de SVT	tout le monde s'est assis
Pendant	leur voyage à Paris	il n'a pas arrêté de voir ses amis
Quand	Manon est allée en France	on a utilisé le microscope
	mon frère est entré au collège	il ne connaissait personne
	le prof est entré	elle est tombée malade

1. ....
2. ....
3. ....
4. ....
5. ....
6. ....

AUTOÉVALUATION

1. Conjugue le verbe *pouvoir* au présent.   *Je peux utiliser le verbe « pouvoir ».*

   a. Je ne .... pas t'emmener au sport.
   b. Tu .... me prêter ton portable ? Je n'ai plus de batterie.
   c. Il ne .... pas aller à la fête de Mathilde.
   d. Paul et Marc sont libres, ils .... m'aider à ranger le salon.
   e. Vous .... vous asseoir, s'il vous plaît ?

2. Relis les phrases de l'exercice 1 et retrouve la situation qui correspond. Puis entoure la bonne préposition.   *Je peux utiliser les verbes avec les prépositions « de » et « à ».*

   ☐ Pierre accepte **de** - **à** me prêter son portable.
   ☐ Marc a demandé **de** - **à** ses parents **de** - **d'** - **pour** aller à la fête de Mathilde.
   ☐ Paul et Marc aident leur mère **de** - **pour** - **à** ranger le salon.
   ☐ Les élèves n'arrêtent pas **à** - **de** - **pour** bouger en classe.
   ☐ Le père de Marc refuse **de** - **d'** - **à** conduire son fils à l'entraînement de basket.

3. Complète les phrases avec un pronom complément COD / COI.   *Je peux utiliser les pronoms COD et COI.*

   a. La calculatrice → Je .... utilise en cours de mathématiques et je .... trouve super utile pour calculer des opérations difficiles.
   b. Mes amis → Je .... adore parce que je peux tout .... raconter, pas comme à mes parents.
   c. Le professeur → Quand on a des doutes, on peut .... poser des questions.
   d. Ma petite sœur → Je ne .... supporte plus, il faut toujours que je .... dise ce qu'elle doit faire.

4. Fais des phrases avec *pendant* ou *quand*.   *Je peux faire des phrases avec « pendant » et « quand ».*

   a. j'écoute en classe / professeur donne des explications
   → ....

   b. j'étais petit / je n'aimais pas le fromage
   → ....

   c. mes parents préparent le repas / je m'occupe de la décoration de la fête
   → ....

   d. tu as fini de manger / nous avons demandé la carte au serveur
   → ....

UNITÉ 5
À VOS MARQUES !

↑ Papeete, Polynésie française

Que sais-tu de Maeva ?

Complète les informations sur Maeva.

a. Sur quelle île elle habite ? ....
b. Quelle est sa nationalité ? ....
c. Qu'est-ce qu'elle adore ? ....
d. Quel sport traditionnel a-t-elle envie d'essayer ? ....
e. De quoi parle-t-elle sur son blog ? ....

LEÇON 1 | *Je parle des sports et des compétitions*

1. EN FORME !

A Fais des phrases avec les éléments donnés.

1. L'équipe de France / la Coupe du monde / déjà / a gagné / de football
   L'équipe de France a déjà gagné la Coupe du monde de football.

2. Tony Parker / jamais / jouer au basket-ball / n'a arrêté de
   ....

3. Rafael Nadal / plusieurs fois / a remporté / Rolland Garros / déjà
   ....

4. L'Italie / de rugby / le tournoi des 6 Nations / jamais / n'a gagné
   ....

B Écoute le dialogue et dis si les affirmations sont vraies ou fausses.
Piste 12

	VRAI	FAUX
1. Les élèves ont déjà commencé à s'échauffer.	❑	❑
2. Maeva et Ranitea ne sont jamais en retard en classe d'EPS.	❑	❑
3. Maeva n'a pas tous ses cours pour préparer l'examen de SVT.	❑	❑
4. Maeva est allée à la salle de sport pour tester la musculation.	❑	❑
5. Ranitea n'a jamais entendu parler du crossfit.	❑	❑

C Regarde cette brochure et écris le nom des activités que tu as déjà essayées et de celles que tu n'as jamais essayées.

CLUB SPORTIF REPORTERS EN FORME !
Découvre nos nouvelles activités !
zumba — natation — escalade — badminton — basket — judo

2. SPORTS POUR TOUS

A Associe chaque photo à la description du sportif correspondant.

1. Nadia Comaneci est certainement la plus prestigieuse des gymnastes en remportant le premier 10 sur 10.

2. Michael Phelps est certainement le nageur qui a gagné le plus de médailles aux Jeux olympiques.

3. Carolina Marin est sans aucun doute la première femme non asiatique à remporter une médaille d'or aux JO en badminton.

4. Leo Messi est, bien sûr, l'un des meilleurs joueurs de l'histoire du football.

5. Serena Williams est, bien sûr, une des meilleures joueuses de tennis féminin.

6. Usain Bolt est sans aucun doute l'un des hommes les plus rapides du monde.

B Complète cette carte mentale sur le sport à l'aide des étiquettes.

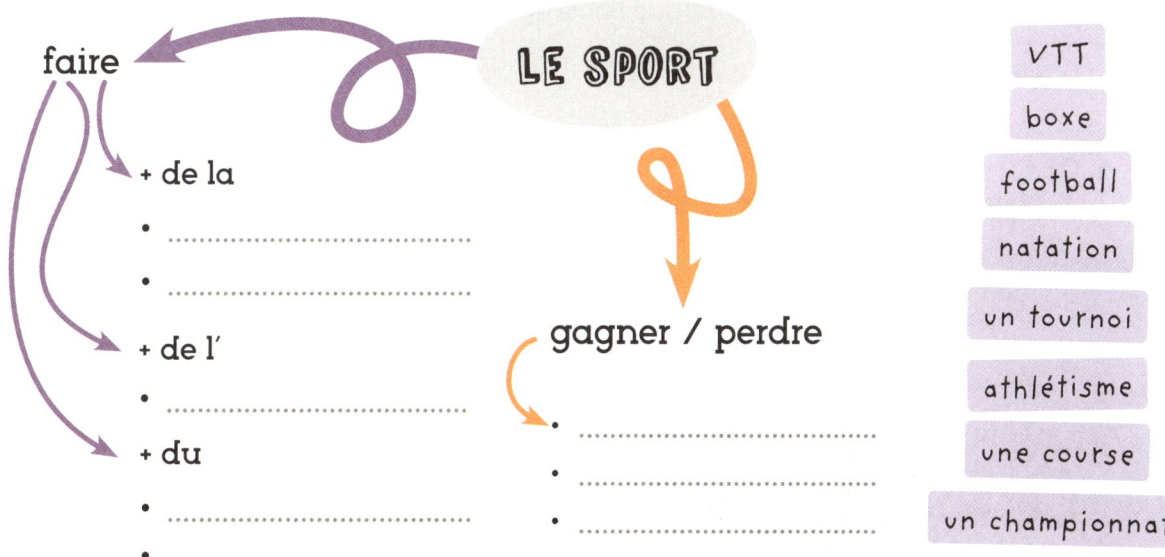

LEÇON 2 | *Je parle des effets du sport sur le corps*

1. ON S'ÉCHAUFFE !

A Écoute et associe chaque dialogue à un moment de la préparation sportive.

Piste 13

- [ ] Ils s'équipent.
- [ ] Ils s'échauffent.
- [ ] Ils s'hydratent.
- [ ] Ils s'étirent.

B 1. Complète les dialogues à l'aide des étiquettes. Conjugue les verbes si nécessaire.

`avoir la tête qui tourne`   `avoir un bleu`   `avoir des courbatures`   `avoir mal`

Prof : Venez tous au centre ! C'est le moment des étirements. C'est très important ! On commence par les jambes.
Élève : Monsieur, on est vraiment obligés de les faire ?
Prof : Oui, si vous voulez éviter d'.. demain, je vous recommande de bien faire les exercices.

Élève : Monsieur, je ne me sens vraiment pas bien ! J'.. .
Prof : Calme-toi ! Va boire de l'eau et repose-toi 5 minutes sur le banc. Ça va passer.

Élève : Monsieur, Mathieu est tombé ! Venez vite !
Prof : Qu'est-ce qu'il s'est passé ?
Élève : On jouait et il a voulu reculer mais il a trébuché et il .... la cheville.
Prof : Amenez-le à l'infirmerie. Je pense que rien n'est cassé mais tu vas .... Il faudra mettre de la glace et de la crème.

2. **Observe la photo et imagine le dialogue entre les personnes. Tu peux t'inspirer des dialogues précédents.**

2. LE SPORT, ÇA FAIT DU BIEN !

A 1. Classe les sports du nuage dans le tableau. Tu peux t'aider d'un dictionnaire.

horse-ball, plongée, aviron, curling, surf, water-polo, canoë, hockey, pétanque, capoeira, voile, sumo, flag, judo, aïkido, karaté, rugby, escrime

Sports d'équipe	Sports de combat	Sports aquatiques

2. De quel sport on parle ? Ils sont parmi les sports de l'activité 1.

Ce sport est bon pour travailler l'équilibre puisqu'il faut utiliser une planche. Ça permet à ceux qui le pratiquent de profiter de l'air pur de la mer. Ce sport est ....

Ce sport se pratique en équipe. Ça favorise la précision et la rapidité dans le geste. Cette discipline demande une grande endurance et une certaine agilité pour se déplacer avec des patins à glace. Ce sport est ....

Ce sport est excellent pour la coordination et la motricité. Ça permet de découvrir des musiques et des chants brésiliens. Ça fait du bien à l'esprit car on pense à autre chose. Ce sport est ....

3. Choisis un autre sport et parle de ses bienfaits à l'aide des étiquettes.

Ça permet...
Ça favorise...
Ça fait du bien...
Ça détend...

quarante-et-un 41

LEÇON 3 | *Je parle des objets liés au sport*

1. BIEN DANS SES BASKETS

A Écoute et complète le dialogue.

- J'adore tes baskets, tu les as achetées où ?
- Si tu veux acheter de jolies baskets, tu dois aller dans le centre commercial Achat Plus. Ils ont des modèles unis mais .... multicolores et de toutes les marques.
- Elles sont vraiment super les tiennes.
- Grave ! .... , elles sont méga confortables et .... pas chères. Il y a des promos en ce moment.
- J'irai ce week-end avec ma mère. Je dois .... m'acheter une nouvelle tenue de sport pour mon cours de roller.
- Dans ce cas, c'est le magasin idéal, ils ont tout un rayon avec des accessoires pour se protéger en cas de chute : des protections fluorescentes pour les genoux et les coudes et .... des casques avec de petites lumières pour pouvoir en faire le soir en hiver.
- Ouah génial, je vais être super bien équipée ! .... , c'est bientôt mon anniversaire.

B Devinettes. Retrouve l'objet.

On met cet objet sur la tête pour se protéger des coups et de possibles lésions si on tombe à vélo.
C'EST QUOI ?
....

On utilise cet objet pour jouer avec les mains ou avec les pieds. Il est rond et de différentes couleurs.
C'EST QUOI ?
....

Cet objet nous permet de transporter des livres, une bouteille d'eau, etc. On le porte sur le dos.
C'EST QUOI ?
....

On met ces objets pour se protéger les mains quand on fait des sports de combat.
C'EST QUOI ?
....

Cet objet a un manche et des cordes qui permettent de frapper une balle.
C'EST QUOI ?
....

Ces objets permettent de pratiquer tout type de sport : le footing, l'athlétisme, etc. On les met aux pieds.
C'EST QUOI ?
....

2. OUI, MAIS…

A Compare ces deux sports et écris quatre phrases avec les expressions *en revanche*, *mais* et *par contre*.

FOOTBALL EN SALLE (OU FUTSAL)

Cette discipline se joue sur un terrain en intérieur, alors on a pas besoin de chaussures à crampons. Les dimensions du terrain de jeu sont inférieures à celles d'un terrain de football extérieur : de 38 à 42 m maximum en longueur et de 18 à 25 m maximum de largeur. Ce sport se pratique entre 2 équipes de 5 joueurs. Chaque équipe a un capitaine et le nombre de remplacements est illimité.

Quant au ballon, sa circonférence doit osciller entre 62 et 64 cm. Un match est divisé en 2 mi-temps de 20 minutes.

FOOTBALL EN EXTÉRIEUR

Ce sport se pratique sur un terrain fait en pelouse dont les dimensions sont au minimum de 105 m de long et 68 m de large. Le ballon doit être sphérique et avoir une circonférence de 70 cm au maximum et de 68 cm au minimum. Un match dure 90 minutes, et il est divisé en 2 mi-temps de 45 minutes. L'arbitre peut ajouter des minutes additionnelles. Une équipe est composée de 11 joueurs sur le terrain et l'entraîneur ne peut effectuer que 3 remplacements tout au long du match. Les joueurs portent des chaussures à crampons pour jouer.

1. ....
2. ....
3. ....
4. ....

B Voici quelques informations cachées sur les objets branchés décrits dans ton manuel. Associe une étiquette de chaque colonne pour les découvrir.

- Le casque connecté permet de diminuer les risques d'accidents…
- Les baskets connectées s'adaptent à toutes les tailles de pieds…
- Le sac à dos connecté est pratique pour recharger votre téléphone portable…
- Le ballon de foot connecté te permet de progresser…

en revanche

mais

par contre

- il n'existe qu'un seul modèle en noir.
- il faut faire attention à ne pas abîmer la caméra quand vous tirez.
- son poids est plus lourd puisque tu as besoin de porter les batteries.
- la batterie dure moins longtemps. Pensez à le recharger avant de sortir vous promener.

AUTOÉVALUATION

1. Réécris les phrases suivantes pour exprimer le contraire.

Je peux utiliser « déjà » et « jamais ».

a. Tu as déjà couru le marathon de New York.

→ ....

b. Maeva n'a jamais participé à un tournoi de volleyball.

→ ....

c. Je n'ai jamais gagné de médaille.

→ ....

d. Les élèves de ce collège ont déjà remporté un prix littéraire.

→ ....

Je peux parler de la préparation sportive.

2. Remets dans l'ordre ces consignes d'un professeur de fitball.

☐ Pause ! Respirez bien et prenez le temps de boire un peu d'eau. C'est important de s'hydrater.

☐ Bonjour à tous, nous allons commencer par quelques exercices pour s'échauffer.

☐ C'est super ! Vous avez bien travaillé ! Avant de partir, 5 minutes d'étirement pour éviter les courbatures demain.

☐ Bien, maintenant, par deux, vous allez prendre un tapis et un ballon pour réaliser des flexions.

Je peux utiliser des connecteurs.

3. Complète le dialogue avec *aussi, en revanche, en plus, mais, sans aucun doute* ou *certainement*.

• Le foot est .... le sport le plus populaire et particulièrement en Europe, ... il ne faut pas oublier le basketball avec ses légendes comme Michael Jordan ou Shaquille O'Neal.

◦ Oui, tu as raison. Michael Jordan est .... un des joueurs de basketball les plus connus au monde. .... ces deux sports sont pratiqués par beaucoup de personnes et ils sont .... suivis par beaucoup de fans .... je pense que le foot est le sport le plus médiatisé avec la Coupe du monde.

Je peux parler des objets liés au sport.

4. Souligne seulement le matériel sportif.

piscine	terrain	ballon	courbature	match
gant	arbitre	musculation	équipe	sac à dos
raquette	course	baskets	casque	joueur

UNITÉ 6
INFORMONS-NOUS !

↑ Place de la Comédie, Montpellier

Que sais-tu de Noélie ?

Complète les informations sur Noélie.

a. Quelle est sa nationalité ? ....

b. Dans quel pays elle vit ? ....

c. Dans quelle ville elle habite ? ....

d. Qu'est-ce qu'elle fait pour le journal de son collège ? ....

e. De quoi parle-t-elle sur son blog ? ....

quarante-cinq **45**

LEÇON 1 | *Je parle des moyens pour communiquer et pour s'informer*

1. JE PARLE DE CHANGEMENTS DANS LE TEMPS

A 1. Complète l'article avec : *pendant*, *au*, *dans* et *à l'époque*.

HISTOIRE DU TÉLÉPHONE

1 Le téléphone a été inventé .... XIXᵉ siècle. En juin 1876, l'ingénieur G. Bell fait la première démonstration publique du téléphone à l'Exposition universelle de Philadelphie.

2 .... les premières décennies du téléphone, des femmes « téléphonistes » ou « opératrices » actionnent un standard téléphonique pour établir la communication entre les personnes.

3 .... les années 1940, le téléphone se modernise. Un cadran de rotation permet aux utilisateurs de composer eux-mêmes le numéro pour appeler leur correspondant.

4 En 1973, M. Cooper utilise le premier téléphone portable dans les rues de New York. Cet appareil mesure 25 cm et pèse plus de 700 g. .... actuelle, 94 % des Français ont un téléphone portable, mais il a bien changé depuis son invention !

2. À côté de chaque photo, écris le numéro du paragraphe correspondant.

B Associe la question à la bonne réponse.

1	Tu as encore du papier à lettre chez toi ?		Non, désolée. Elle est encore au téléphone.
2	Elle a fini de téléphoner ?		Non, je n'écris plus de lettres aujourd'hui.
3	Vous avez toujours Internet sur votre ordinateur ?		Oui, je suis toujours connecté.
4	Cette actrice fait encore des films ?		Non, à 90 ans, elle ne peut plus jouer !

2. COMMENT S'INFORMER ?

A Place chaque étiquette sous le média correspondant.

la radio   la presse   les réseaux sociaux   la télé

1. .... 2. .... 3. .... 4. ....

B Écoute le micro-trottoir et complète le tableau.
Piste 15

	Dans quel but la personne interviewée lit-elle le journal gratuit ?
1.	
2.	
3.	
4.	

C Finis ces phrases en utilisant *afin de/d'*, *pour* et *dans le but de/d'*.

1. Ma mère a un ordinateur portable *afin de travailler à la maison.*
2. J'ai un compte Instagram ....
3. On utilise Facebook ....
4. J'éteins mon portable en classe ....

D Réécris les phrases avec les éléments entre parenthèses.

1. Je regarde la météo sur une application. **(la plupart du temps)**
   → ....

2. Les cafés offrent une connexion wi-fi gratuite. **(généralement)**
   → ....

3. Elle oublie son téléphone. **(tout le temps)**
   → ....

4. Donne des informations personnelles à un inconnu sur Internet. **(ne jamais)**
   → ....

LEÇON 2 | *Je parle des informations vraies ou fausses*

1. LA CAUSE ET LES INFORMATIONS

A Entoure la bonne réponse.

1. Il faut faire attention aux informations sur les réseaux sociaux **à cause de** - **grâce à** l'invasion des « fake news ».
2. **Grâce à** - **À cause d'**un moteur de recherche, on peut retrouver la source d'une information sur Internet.
3. De nos jours, on peut accéder facilement à l'information **grâce à** - **à cause d'**Internet.
4. Les journalistes doivent toujours vérifier leurs sources **à cause des** - **grâce aux** fausses informations qui circulent de plus en plus.

B Réécris ces phrases en utilisant *à cause de* ou *grâce à*.

1. On peut vérifier la source d'une information parce qu'il y a des moteurs de recherche.
   → On peut vérifier la source d'une information grâce à des moteurs de recherche.

2. Anna est très énervée parce qu'il y a une photo horrible d'elle sur Facebook.
   → ....

3. Les élèves font plus attention aux informations trouvées sur Internet parce qu'ils ont des cours d'éducation aux médias.
   → ....

4. Aujourd'hui, les fausses rumeurs se diffusent plus facilement parce qu'il y a des réseaux sociaux.
   → ....

C Complète les mots croisés.

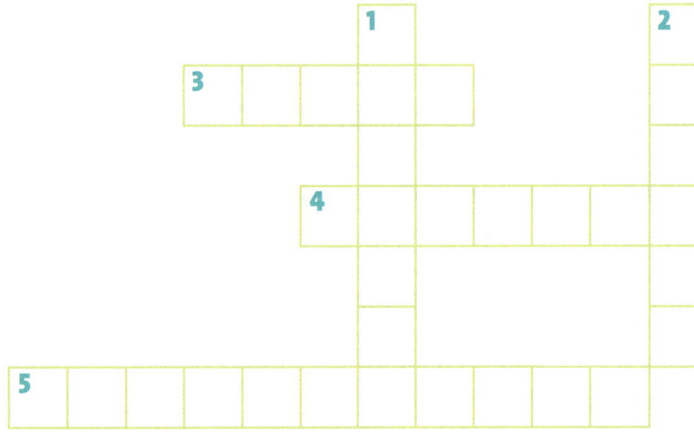

VERTICAL

1. Il peut être télévisé ou en papier.
2. Facebook est un .... social.

HORIZONTAL

3. Un néologisme qui désigne une information fausse.
4. Un texte dans une publication.
5. Une personne qui travaille dans le journalisme.

2. STOP AUX FAKE NEWS !

A  Écoute cette émission de la série *Un jour, une question* et réponds aux questions.

1. Comment l'expression « fake news » est traduite en français ?
   ❏ une fausse notice   ❏ une fausse nouvelle   ❏ une information truquée

2. Quelles fausses informations connues sont données en exemple ? (Deux réponses.)
   ❏ Le Pape François a donné son soutien à Donald Trump pour devenir président des États-Unis.
   ❏ Les extra-terrestres ont construit la capitale du Mexique.
   ❏ Il y a une fausse vidéo de l'aéroport de Miami inondé après l'ouragan Irma.

3. Les « fake news » sont un phénomène tout à fait nouveau.   VRAI ❏   FAUX ❏

4. Sur les réseaux sociaux, tout le monde peut diffuser des informations fausses.   VRAI ❏   FAUX ❏

5. Comment peut-on lutter contre les fake news ? (Deux réponses.)
   ❏ On doit apprendre à vérifier ses sources.
   ❏ On peut faire du « décodage » pour reconnaître une information fausse.
   ❏ On doit surtout faire confiance aux informations publiées avec des photos.

6. Quel conseil est donné à la fin ? Complète la phrase.
   « Plutôt que de croire n'importe quelle info sans réfléchir, ...
   .... »

B Réagissez à ces infos.

À 82 ans, cette Américaine participe à une compétition de gymnastique !

L'ÉCOLE N'EXISTERA PLUS DANS 10 ANS À CAUSE D'INTERNET !

Réchauffement climatique : la disparition des nuages augmenterait la température de 8°C !

C Imagine un titre de fake news pour accompagner ces photos.

1

2

LEÇON 3 | *Je parle des sujets d'information qui m'intéressent*

1. JE PARLE DE MES CENTRES D'INTÉRÊTS

A Associe les rubriques aux titres.

1. SPORT >>>>>>>
2. SANTÉ >>>>>>>
3. POLITIQUE >>>>>
4. ENVIRONNEMENT >
5. MODE >>>>>>>>
6. MÉTÉO >>>>>>>
7. SCIENCES >>>>>

- L'ÉPIDÉMIE DE ROUGEOLE FAIT DE NOUVELLES VICTIMES EN UKRAINE
- BIENTÔT UNE FEMME À LA TÊTE DE LA RÉPUBLIQUE ?
- L'ÉQUIPE DE FRANCE QUALIFIÉE POUR LES DEMI-FINALES
- LES MAILLOTS TENDANCES POUR CET ÉTÉ !
- LES BALEINES AUSTRALES MENACÉES PAR LE CHANGEMENT CLIMATIQUE
- DES CHERCHEURS DONNENT LA VISION INFRAROUGE À DES SOURIS
- JUSQU'À 40,7°C SAMEDI : 9 DÉPARTEMENTS EN ALERTE CANICULE

B 1. Écoute Juliette et Nicolas et complète les fiches.

Piste 17

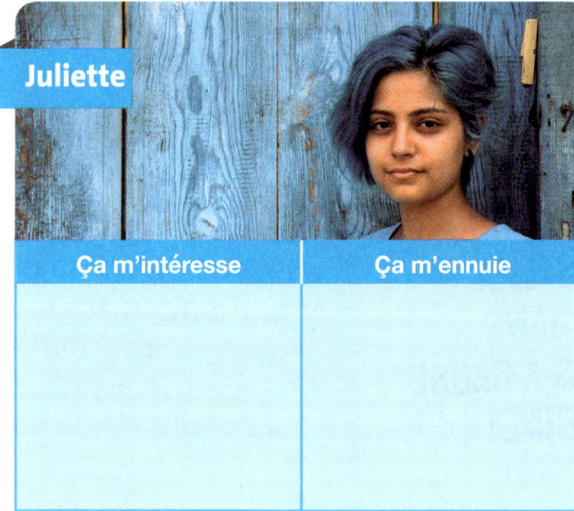

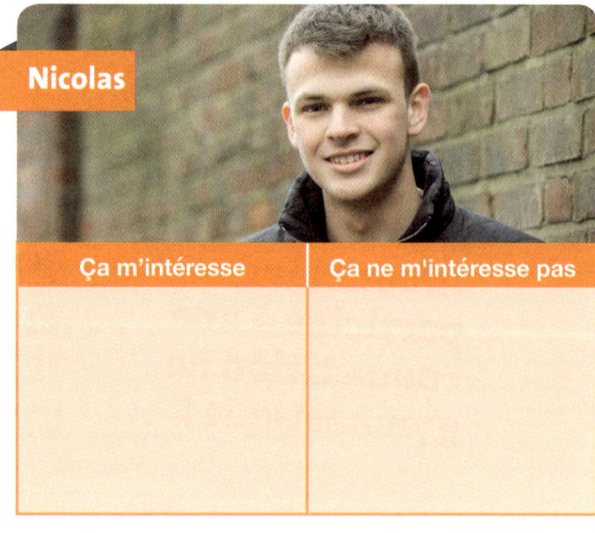

2. Dans quelles rubriques on pourrait trouver les sujets qu'ils aiment ? Et ceux qu'ils n'aiment pas ?

	👍	👎
Juliette		
Nicolas		

50 cinquante

2. LE CONDITIONNEL PRÉSENT

A Écoute les phrases et coche quand tu entends un verbe au conditionnel.

Piste 18

| 1 | 2 | 3 | 4 | 5 | 6 |

B Voici l'e-mail de réponse de Lucie à M. Dumoulin. Conjugue les verbes entre parenthèses au présent ou au conditionnel.

Pour : M. Dumoulin
Objet : Re : Journal du collège

Bonjour M. Dumoulin,

Merci pour votre réponse rapide ! Je (**être**) .... très heureuse d'écrire pour le journal du collège !

Et oui, je (**pouvoir**) .... commencer le mois prochain.

J'ai déjà une idée à vous proposer pour l'article sur la journée du sport scolaire. Je (**vouloir**) ....
interviewer les participants, les élèves et les professeurs aussi. Par exemple, je leur (**demander**) ....
pourquoi ils font du sport et ce qu'ils aiment dans le sport. Ça (**pouvoir**) .... être très intéressant.

Si vous êtes libre, nous (**pouvoir**) .... en discuter ensemble.

J'attends votre réponse.

Cordialement,

Lucie Gagnon

C Réécris les phrases au conditionnel pour décrire le journal de collège idéal.

1. Il y a beaucoup de photos. → *Il y aurait beaucoup de photos.*
2. On écrit ce journal sur Internet. → ....
3. Il parle de différents sujets. → ....
4. Nous pouvons trouver des informations fiables. → ....
5. Il est gratuit. → ....
6. Tu peux voir des vidéos aussi. → ....
7. On donne des conseils utiles aux collégiens. → ....

cinquante-et-un **51**

AUTOÉVALUATION

1. Complète avec *pendant, de, plus, au* ou *dans*.

Je sais parler de changements dans le temps.

PETITE HISTOIRE DU JOURNAL EN FRANCE

.... l'Antiquité, il n'y avait pas de journal : l'information était diffusée surtout à l'oral. C'est .... XVIIe siècle que le premier journal périodique est imprimé en France. Avec l'apparition de la radio puis du journal télévisé .... les années 1950, la presse écrite n'est .... le seul média d'information. .... nos jours, les journaux traditionnels sont concurrencés aussi par Internet.

2. Entoure la bonne réponse.

Je sais exprimer le but.

a. Les réseaux sociaux **dans le but de - permettent** aux jeunes de s'informer. Ils les utilisent aussi **dans le but de - permettent** communiquer entre eux.

b. Je préfère utiliser mon smartphone **afin - pour** obtenir une information immédiate, mais j'utilise un ordinateur **afin - pour** de faire des recherches plus approfondies sur un sujet.

3. Réécris les phrases en utilisant *grâce à* ou *à cause de*.

Je sais utiliser les expressions de cause.

a. Les gens continuent de lire la presse écrite parce qu'il existe des journaux gratuits.
→ ....

b. Avec le smartphone, on peut rester connecté à l'actualité en direct.
→ ....

c. On ne peut pas tout croire sur Internet parce qu'il y a des informations fausses.
→ ....

d. Eliot fait attention à ce qu'il lit sur les réseaux parce qu'il a des cours d'éducation aux médias.
→ ....

4. Associe chaque début de phrase à la fin qui convient.

Je sais utiliser le conditionnel présent.

À ta place, je — aimerions créer une émission de radio au collège.

Nous — pourrais travailler comme journaliste après tes études.

Vous — seriez intéressés par cette chaîne Youtube.

Tu — n'écrirais jamais une information non vérifiée.

UNITÉ 7
MA MUSIQUE

↑ Vue d'Antananarivo, le lac Anosy, Madagascar

Que sais-tu de Benja ?

Complète les informations sur Benja.

a. Dans quel pays il habite ? ....
b. Dans quelle ville il vit ? ....
c. Il est fan de quoi ? ....
d. Quelle est son activité préférée ? ....
e. De quoi parle-t-il sur son blog ? ....

LEÇON 1 | *Je parle des genres musicaux et des instruments de musique*

1. JE PARLE DE MES PRÉFÉRENCES MUSICALES

A À l'aide des lettres données, retrouve les dix genres musicaux en écrivant les lettres manquantes.

☐ ☐ U ☐ S   R ☐ G ☐ ☐ E

☐ L E C ☐ ☐ ☐   ☐ O C K

M ☐ S I ☐ ☐ E   ☐ ☐ A ☐ ☐ I ☐ ☐ ☐   ☐ I ☐ - ☐ O P

R ☐ P   J ☐ Z ☐

☐ ☐ T A ☐   ☐ U S ☐ ☐ U ☐   L ☐ ☐ I ☐ ☐

B Complète les exclamations avec *quel*, *quelle*, *quels* ou *quelles*. Puis coche la bonne case pour dire si les phrases expriment un avis positif ou négatif.

	🙂	☹
1. .... musique horrible !		
2. .... voix mélodieuse ! .... super chanteuse !		
3. Il faut aller au concert ! .... groupe fantastique en live !		
4. .... belles chansons !		
5. .... album ennuyeux : c'est lent !		
6. .... clip de fou ! J'adore !		
7. .... excellents musiciens !		

C Ces spectateurs ont assisté au concert du groupe malgache *Kristel*. Entoure l'expression qui convient dans chaque témoignage.

1. J'adore la voix suave de la chanteuse. Elle est **comme** - **tellement** chaleureuse !
2. C'est une famille : un frère, une sœur et son mari. **Comme** - **Quel** c'est beau de voir leur connexion quand ils jouent ensemble ! C'est juste magique !
3. **Tellement** - **Quelle** énergie sur scène ! Je n'ai pas arrêté de danser ! Bravo !
4. Enfin un bon groupe pop-rock à Madagascar ! **Quel** - **Qu'est-ce que** c'est chouette d'entendre des jeunes qui chantent en malgache des chansons modernes !

2. LES MUSICIENS ET LEUR INSTRUMENT

A Complète les tableaux.

Instrument	Musicien	Instrument	Musicien
(guitare)		(violon)	
(piano)		(saxophone)	
(batterie)		(accordéon)	

B Écoute l'émission de radio sur le prix musical du Syli d'Or de la musique du monde et réponds aux questions.

1. Dans quel pays se déroule le Syli d'Or de la musique du monde ? ....
2. Quand a lieu la grande finale du Syli d'Or ? ....
3. Qu'est-ce qu'une trikitixa ? ....
4. De quel instrument joue Kenzow ?

❏ ❏ ❏ ❏

5. Relie chaque groupe à son genre musical.

Toka Tanoka • • musique latino

Kenzow • • afro pop - reggae

El Son Sonó • • musique traditionnelle basque

C Fais des phrases avec les éléments donnés.

1. c'est / musique / qu'est-ce / classique, / que / ennuyeux ! / la

→ ....

2. piano / du / français / le / et de la / Vianney / joue / chanteur / guitare

→ ....

3. album / tellement / leur / est / premier / puissant !

→ ....

LEÇON 2 | Je parle de mes souvenirs et de l'écriture musicale

1. ÉVOQUER DES SOUVENIRS

A Complète les témoignages du forum avec les expressions : *ça me rappelle, ça me fait penser* et *un souvenir*.

Lucile 11/04 | 17:49
Quand j'écoute cette chanson, ... à ma grand-mère. Elle me la chantait souvent quand j'étais enfant.

Ludo 11/04 | 17:50
.... lié à une musique ? Peut-être le générique de *Star Wars*, parce que c'est le premier film que j'ai vu au cinéma.

Michel 11/04 | 17:49
Moussier Tombola et la danse du Logobitombo !
.... la colonie de vacances ! On faisait la chorégraphie tous les jours.

B Réécris les phrases à l'aide de *pendant que* ou *quand*.

1. J'adorais regarder les clips musicaux à la télé. J'étais enfant.
→ J'adorais regarder les clips musicaux à la télé quand j'étais enfant.

2. Mon frère écoutait de la musique. Il faisait ses devoirs.
→

3. J'aimais bien chanter. Je prenais ma douche.
→

4. Je jouais de la guitare dans un bar. J'étais étudiant.
→

5. Nous avons échangé notre premier baiser. Cette chanson passait à la radio.

C Écoute ce qu'Anne-Lise raconte comme souvenir et réponds aux questions.

Piste 20

1. Quand la photo a-t-elle été prise ?
2. Où se trouvait Anne-Lise ?
3. Qu'est-ce qu'elle faisait ?
4. Quel sentiment lui évoque cette photo ?
5. De quelle photo parle Anne-Lise ?

2. ÉCRIRE ET COMPOSER DE LA MUSIQUE

A Écris le mot qui correspond à chaque définition.

1. Partie de la chanson qui revient plusieurs fois.
2. Retour d'une même sonorité, d'une syllabe en finale.
3. Texte d'une chanson.
4. Suite des notes qui composent l'air musical.

1.
2.
3.
4.

B Complète le tableau avec un mot de la même famille. Tu peux t'aider d'un dictionnaire.

Noms	Adjectifs
la musique	musical(-e)
....	beau (belle)
le rythme	....
....	mélodieux(-se)
....	triste
la joie	....
la puissance	....
l'ennui	....
....	bruyant(-e)

C (Piste 21) Écoute les réponses de Paul, un jeune musicien auteur-compositeur, et écris le numéro de la réponse en face de la question correspondante.

- Par quoi vous commencez quand vous écrivez une chanson ? ☐
- Comment trouvez-vous l'inspiration pour les paroles ? ☐
- C'est important d'avoir un bon refrain. Non ? ☐

LEÇON 3 | *Je donne mon opinion sur des sujets musicaux*

1. EXPRIMER L'UTILITÉ

A Réécris les phrases avec les verbes entre parenthèses.

1. La musique sert à sortir de la routine quotidienne. **(aider)**
   → *La musique aide à sortir de la routine quotidienne.*

2. Ça permet de découvrir d'autres cultures. **(servir)**
   → ....

3. Écouter des chansons, c'est un bon moyen pour apprendre une langue étrangère. **(permettre)**
   → ....

4. La musique sert à oublier les problèmes. **(faire)**
   → ....

B Complète les phrases avec *à*, *de* ou Ø.

1. Cette chanson me fait .... pleurer.
2. Les cours de chant m'ont permis .... rencontrer de nouveaux amis.
3. La musique m'aide .... me détendre.
4. La musique nous fait .... découvrir d'autres cultures.
5. Pratiquer un instrument aide .... avoir confiance en soi.
6. La musique sert .... apprendre à contrôler ses émotions.
7. Quand je fais du sport, ça permet .... me motiver.

C Ces deux personnes viennent d'écouter une chanson. Regarde leur expression et complète la bulle avec les interjections qui conviennent.

.... ! Je ne connaissais pas cet artiste. Ça fait bouger ! .... , c'est trop cool !

.... je ne sais pas. C'est pas nul, mais .... je n'aime pas ce genre de musique.

2. JE DONNE MON OPINION !

A  Écoute les jeunes parler de Bigflo et Oli, un duo de rappeurs français. Ont-ils un avis positif ou un avis négatif sur le groupe ? Justifie ta réponse avec une citation.

	👍	👎
Héloïse		
Karim		
Gaëlle		
Mathis		

B Ces phrases ont-elles le même sens (=) ou ont-elles un sens différent (≠) ? Entoure le symbole qui convient.

1. Je trouve les paroles stupides. / Je pense que les paroles sont stupides.   =   ≠
2. Je ne suis pas d'accord. / Je suis de ton avis.   =   ≠
3. À mon avis, c'est un album vraiment super. / Je trouve cet album génial.   =   ≠
4. Vous avez raison. / Je suis d'accord avec vous.   =   ≠
5. Il trouve ses chansons trop légères. / Il pense que ses chansons sont trop sérieuses.   =   ≠

C Complète les phrases avec *au contraire* ou *alors que/qu'*.

1. Votre premier disque était très agressif. Les chansons de ce deuxième album, ..., sont plus tranquilles, plus douces.
2. Ma sœur s'habille toujours tout en noir .... elle n'aime pas la musique gothique ni le hard rock.
3. La mélodie est joyeuse .... les paroles sont plutôt tristes.
4. À mon avis, écouter de la musique sur Internet n'est pas mauvais pour les artistes. ...., je pense qu'Internet est un bon moyen de faire connaître sa musique.
5. Mon frère joue de la guitare .... moi, je joue du piano.

AUTOÉVALUATION

Je connais les instruments de musique.

1. Complète les phrases à l'aide des photos.

a. Mon père joue de la guitare.

b. Ma mère ....

c. Mon frère et moi ....

d. Ma grande sœur ....

e. Mes cousins ....

Je peux faire des phrases exclamatives.

2. Transforme ces phrases en exclamations à l'aide de la première lettre.

a. C'est une belle guitare. → Q ....

b. C'est tranquille. → C ....

c. C'est ennuyeux. → Q ....

Je peux évoquer un souvenir.

3. Écris des phrases avec les éléments donnés et fais les modifications nécessaires.

a. rappeler / mon / au / ça / me / voyage / Brésil

→ ....

b. pendant que / album / réviser / on / cet / écouter / on

→ ....

c. enfance / faire / à / mon / penser / me / ça

→ ....

Je peux exprimer une opposition.

4. Souligne l'expression qui convient.

a. Tu critiques ce genre de musique **alors que** - **au contraire** tu ne le connais pas.

b. Je n'ai pas de genre musical préféré. **Alors que** - **Au contraire**, j'écoute un peu de tout.

c. Ma mère dit qu'on ne peut pas étudier et écouter de la musique en même temps. **Alors que** - **Au contraire**, je pense que la musique aide à se concentrer.

d. Les paroles sont légères **alors que** - **au contraire** le sujet est sérieux.

UNITÉ 8
MES ORIGINES

↑ Vue de Tunis, Tunisie

Que sais-tu d'Ahmed ?

Complète les informations sur Ahmed.

a. Dans quel pays il vit ? ....
b. Dans quelle ville il habite ? ....
c. Quelle est sa nationalité ? ....
d. À quoi s'intéresse-t-il ? ....
e. De quoi parle-t-il sur son blog ? ....

LEÇON 1 | *Je parle de mes origines*

1. JE DÉCRIS MES ORIGINES

A Complète le texte à l'aide des étiquettes et fais les transformations nécessaires.

`se rappeler` `se souvenir` `apprendre` `racine` `venir` `trilingue`

Bonjour ! Je m'appelle Sisay. Mon père est français et ma mère ………………………… d'Éthiopie. Ma mère parle parfaitement français, anglais et amharique, la langue officielle en Éthiopie. Elle est donc ………………………… . Moi, je ne sais pas vraiment parler amharique, parce que je n'………………………… cette langue, malheureusement. Ma mère me parlait soit en anglais, soit en français quand j'étais enfant.
Je ………………………… la première fois où nous sommes allés en Éthiopie. Il faisait très chaud, je ………………………… aussi très bien de la maison de mes grands-parents. Il y avait un manguier et un bananier dans le jardin. C'était extraordinaire ! Et j'étais content de pouvoir découvrir mes ………………………… .

B 1. Voici un poème similaire à celui d'Ahmed et Max. Relie le début de l'hypothèse avec la bonne fin.

Si j'étais un animal,	je serais le Caire.
Si j'étais un monument,	je serais un chat.
Si j'étais une ville,	je serais le Nil.
Si j'étais un paysage,	je serais une pyramide.
Si j'étais un fleuve,	je serais le désert.

2. À ton avis, de quel pays parle-t-on ? ………………………………………………………………………

C Entoure la forme correcte du verbe dans ces hypothèses.

1. Si **je serais** - **j'étais** bilingue, **je serais** - **j'étais** très fière.
2. Si **on avait** - **on aurait** plus de temps, **on partait** - **on partirait** plus souvent voir nos grands-parents.
3. **Je choisissais** - **Je choisirais** le japonais, si **je pouvais** - **je pourrais** apprendre une nouvelle langue.
4. Si ma sœur **ne travaillerait pas** - **ne travaillait pas** pendant les vacances, **elle rentrait** - **elle rentrerait** à la maison.
5. Si **vous pouviez** - **vous pourriez** voyager dans le temps, **vous aimiez** - **vous aimeriez** vivre à quelle époque ?
6. Si **nous serions** - **nous étions** très riches, **nous nous achèterons** - **nous nous achèterions** une villa avec vue sur la mer.

2. JE PARLE DE MES SOUVENIRS DE FAMILLE

A Écoute Carole évoquer les souvenirs qu'elle garde de son grand-père et réponds aux questions.

1. Comme beaucoup de Français, Carole :
   ❏ vivait à l'étranger quand elle était petite.
   ❏ a des origines étrangères.
   ❏ partait en vacances dans les Pyrénées.

2. Son grand-père a quitté son pays :
   ❏ quand il était très jeune.
   ❏ pour faire ses études.
   ❏ pendant la guerre.

3. Est-ce que son grand-père aimait raconter ses souvenirs d'enfance ? ....
....
4. Quelle spécialité culinaire lui rappelle son grand-père ? ....
5. Pourquoi cette spécialité lui rappelle son grand-père ? ....
....

B Conjugue les verbes à l'imparfait.

Des souvenirs d'enfance, j'en ai beaucoup. En voici quelques-uns.

Quand j' **(aller)** .... cueillir des prunes dans les arbres avec les copains.

Quand l'hiver, nous **(faire)** .... du ski.

Quand je **(cueillir)** .... des fleurs dans le parc pour ma mère.

Quand on **(partir)** .... voir la famille en Tunisie.

Quand je **(jouer)** .... aux raquettes l'été avec le voisin d'en face : il **(être)** .... plus fort que moi, mais il me **(laisser)** .... gagner.

Quand mes grands frères m' **(emmener)** .... faire un tour en ville.

C À ton tour, raconte trois souvenirs de ton enfance à l'imparfait.

LEÇON 2 | *Je parle des périodes historiques*

1. JE PARLE DE L'HISTOIRE

A Entoure le bon marqueur temporel.

Carthage est une ville située au nord-est de Tunis, au bord de la Méditerranée. Elle existe **pendant / depuis** l'Antiquité. Carthage est créée par les Phéniciens **en / au** IXe siècle avant J.-C. et elle devient rapidement une ville-État très puissante.

À partir du / En IIIe siècle avant J.-C., elle dispute la domination de la mer Méditerranée aux Romains. Les Romains et les Carthaginois s'affrontent lors des Guerres puniques **en / de** 264 avant J.-C **à / après** 146 avant J.-C. **Depuis / En** 146 avant J.-C., les Romains conquièrent la ville.

De / Dans nos jours, Carthage est une ville de 17 000 habitants. On y trouve le palais présidentiel, des basiliques chrétiennes, la mosquée El-Abidine et de nombreux sites archéologiques, notamment des vestiges romains datant **du / au** IIe siècle.

B Passé composé avec *être* ou avec *avoir* ? Classe les infinitifs dans le tableau et écris leur participe passé.

construire · arriver · partir · obtenir · aller · contrôler · faire · avoir · changer · devenir · se développer · attaquer · se rappeler

Avec *avoir*		Avec *être*	
Infinitif	Participe passé	Infinitif	Participe passé
construire	construit		

C Réécris les phrases au passé composé et fais attention à l'accord.

1. Le pays obtient son indépendance. → ....
2. La ville change beaucoup. → ....
3. On construit une forteresse. → ....
4. Les Romains attaquent la ville. → ....
5. Le commerce se développe. → ....
6. Tunis devient la capitale. → ....

2. JE PARLE DE L'HISTOIRE D'UNE VILLE

A Mets les lettres dans le bon ordre pour trouver huit lieux historiques d'une ville.

NUMMONTE
M O N U M E N T

ÂHTTERÉ
☐☐☐☐☐☐☐

RESTEFORSE
☐☐☐☐☐☐☐☐☐☐

ONTEFINA
☐☐☐☐☐☐☐☐

CAPLE
☐☐☐☐☐

UVAENE
☐☐☐☐☐☐

RACP
☐☐☐☐

SATETU
☐☐☐☐☐☐

B Écoute et coche la case correspondante.

Piste 24

	Vrai	Faux	?
Les Halles se trouvent dans le centre historique de Paris.			
Le quartier des Halles est célèbre pour ses restaurants.			
Autrefois, les Halles Centrales de Paris étaient un grand marché alimentaire.			
On a construit les pavillons des Halles de 1852 à 1870.			
Les pavillons sont démolis pendant la seconde guerre mondiale.			
Le Forum est le centre commercial le plus visité de France.			
Le Forum a ouvert ses portes en 1979.			

C Lis ces phrases et dis si le verbe en gras est correct. Puis réécris la phrase correctement si nécessaire.

1. Quand j'étais petite, j'**allais** tous les étés en Tunisie. ❐ Correct ❐ Incorrect
→ ....

2. Autrefois, il n'y **a** pas **eu** d'immeubles dans ce quartier. ❐ Correct ❐ Incorrect
→ ....

3. En 1956, la Tunisie **est devenue** indépendante. ❐ Correct ❐ Incorrect
→ ....

4. Le Châtelet **était** une grande forteresse. ❐ Correct ❐ Incorrect
→ ....

5. On **détruisait** la tour au début du XIXe siècle. ❐ Correct ❐ Incorrect
→ ....

6. Les Arabes **ont construit** l'Alhambra à Grenade. ❐ Correct ❐ Incorrect
→ ....

soixante-cinq **65**

LEÇON 3 | *Je parle de l'origine des mots et des similitudes culturelles*

1. JE PARLE DE L'ORIGINE DES MOTS

A Les Français utilisent beaucoup de mots anglais dans leur vie quotidienne. Associe les mots d'origine anglaise à leur synonyme 100 % français.

un smartphone
un e-mail
des baskets
une fake news
le Web

la Toile
une infox
un courriel
des chaussures de sport
un mobile multifonction

B Complète ces définitions avec *qui* ou *dont*, puis devine de quel mot il s'agit.

Nom masculin .... le sens littéral en latin est « je me laverai ». En français, c'est un meuble .... se trouve dans la salle de bains ou les toilettes.

Nom masculin .... désigne un instrument de musique à soufflet et .... le nom vient de l'allemand « Akkordion ».

Nom masculin .... vient du persan « pāè », jambe, et « djāmah ». Vêtement, composé d'un pantalon et d'une veste, ... est utilisé pour la nuit.

Nom masculin .... l'origine est arabe (« makhāzin », dépôts) et .... indique un commerce plus ou moins grand où l'on vend des marchandises.

C Écoute ces étudiants parler de leur mot préféré en français et complète le tableau.

Piste 25

	Mot préféré	Origine du mot	Pourquoi ils aiment ce mot ?
Geneviève			
Pablo			
Karen			

66 soixante-six

2. LES PRONOMS POSSESSIFS

A Entoure le pronom possessif qui convient.

1. Mes parents sont très stricts. Et **le tien - les tiens - les tiennes** ?
2. J'ai passé un bon week-end. Comment s'est passé **le vôtre - la vôtre - les vôtres** ?
3. Sa peau est blanche. **Le sien - La sienne - Les siennes** est noire.
4. Tu as oublié tes clés ? Ce n'est pas grave, j'ai **le mien - les miens - les miennes**.
5. Mon pays natal, c'est l'Espagne. Mais **le leur - la leur - les leurs**, c'est le Portugal.

B De quoi parlent ces personnes ? Coche la photo qui correspond.
Piste 26

C Réécris les phrases en utilisant un pronom possessif.

1. Elle a une famille nombreuse. Notre famille est toute petite.
 → La nôtre est toute petite.
2. Mon appartement a quatre pièces. Ton appartement en a six.
 →
3. Ta mère travaille à l'hôpital. Et où travaille sa mère ?
 →
4. Nos grands-parents sont nés à Marrakech. Vos grands-parents sont nés à Barcelone.
 →
5. Tu passes tes vacances à la mer. Moi, je préfère passer mes vacances à la montagne.
 →
6. Notre chien est gentil. Mais le chien des voisins est très agressif.
 →

soixante-sept **67**

AUTOÉVALUATION

1. Replace les mots dans le texte et fais des transformations si nécessaire. Attention, il y a deux mots en trop dans la liste.

Je peux raconter des souvenirs.

`se rappeler`   `à chaque fois`   `souvenir`   `bilingue`
`depuis`   `à l'époque`   `en`   `se souvenir`

Je .... très bien de mon premier voyage en solo. C'était .... 2016. ...., j'avais 18 ans et je voulais découvrir l'Amérique ! C'était la première fois que je prenais l'avion et je .... qu'il neigeait beaucoup. .... que l'avion bougeait, j'avais très peur. Mais finalement, je suis bien arrivé à destination. J'ai passé trois semaines chez mon oncle dans le New Jersey. J'y suis retourné presque chaque été et c'est grâce à ça que je suis .... maintenant.

2. Conjugue les verbes au passé composé ou à l'imparfait.

Je sais utiliser les temps du passé.

a. Les Romains (**arriver**) .... en Tunisie après le IIIe siècle avant J.-C.
b. Avant, les femmes berbères (**s'habiller**) .... de cette manière. Mais les habitudes (**changer**) .... à partir des années 1970.
c. Autrefois, il y (**avoir**) .... une forteresse sur cette place. On (**démolir**) .... ce monument en 1802 parce qu'il (**être**) .... trop vieux.
d. À Noël, Sofia (**partir**) .... au Canada. Il (**faire**) .... très froid là-bas.

3. Entoure dans les phrases le pronom relatif qui convient.

Je sais utiliser les pronoms « qui » et « dont ».

a. C'est un monument **qui** - **dont** était une prison.
b. C'est une place **qui** - **dont** l'histoire est très ancienne.
c. C'est un mot **qui** - **dont** l'origine est inconnue.
d. C'est un pays **qui** - **dont** la culture m'intéresse.

4. Complète avec le pronom possessif à la personne demandée.

Je sais utiliser les pronoms possessifs.

a. Nos grands-parents sont originaires d'Italie. Et .... (**vous**) ?
b. Ma maison se trouve dans le centre-ville. Et .... (**tu**) ?
c. Son père parle trois langues. .... (**je**) parle seulement espagnol.
d. Mon genre musical préféré est le rock. .... (**ils**), c'est la musique classique.

PRÉPARATION AU DELF

ÉPREUVES COLLECTIVES DU DELF

NATURE DES ÉPREUVES
2 ÉPREUVES → 2 CONVOCATIONS POUR L'EXAMEN :

1. LES ÉPREUVES COLLECTIVES :
Elles sont composées de trois parties :
- La compréhension de l'oral
- La compréhension des écrits
- La production écrite

2. L'ÉPREUVE INDIVIDUELLE de production et interaction orales :
Elle est composée de trois parties :
- L'entretien dirigé
- Monologue suivi
- L'exercice en interaction

NATURE DES ÉPREUVES	DURÉE	NOTE SUR
ÉPREUVES COLLECTIVES		
COMPRÉHENSION DE L'ORAL (CO) Réponse à des questionnaires portant sur trois ou quatre documents enregistrés ayant trait à des situations de la vie quotidienne (2 écoutes). Durée maximale des documents : 5 min.	25 min. environ	25
COMPRÉHENSION DES ÉCRITS (CE) Réponse à des questionnaires de compréhension portant sur trois ou quatre documents écrits ayant trait à des situations de la vie quotidienne.	30 min.	25
PRODUCTION ÉCRITE (PE) Rédaction de deux brèves productions écrites (lettre amicale ou message) : • décrire un événement ou des expériences personnelles ; • écrire pour inviter, remercier, s'excuser, demander, informer, féliciter...	45 min.	25
ÉPREUVE INDIVIDUELLE		
PRODUCTION ORALE (PO) Épreuve en trois parties : • entretien dirigé ; • monologue suivi ; • exercice en interaction.	10 min. de préparation (exercices 2 et 3) Passation 6 à 8 min.	25
Seuil de réussite pour obtenir le diplôme : 50 / 100 Note minimale requise (pour chaque épreuve) : 5 / 25	Durée des épreuves collectives : 1 h 40	Note totale : 100

COMPRÉHENSION DE L'ORAL

Pour répondre aux questions, cochez (☒) la bonne réponse ou écrivez l'information demandée.

EXERCICE 1 — 10 POINTS

Piste 27

Vous êtes à la cantine dans une école en France. Vous entendez cinq conversations entre des élèves. Écoutez et reliez chaque dialogue à un sujet de conversation.

Dialogue 1 • • Le racisme à l'école
Dialogue 2 • • Les activités du week-end dernier
Dialogue 3 • • L'interdiction du téléphone mobile à l'école
Dialogue 4 • • Les objets connectés
Dialogue 5 • • Refuser une invitation

EXERCICE 2 — 8 POINTS

Piste 28

Vous allez entendre quatre courts documents. Il y a une pause entre chaque écoute. Lisez les questions et répondez.

1. Que dit Jérôme au sujet de la musique ?
   ❏ Il écoute beaucoup de musique à la radio.
   ❏ Il s'intéresse à différents styles musicaux.
   ❏ Il écoute surtout du rock.

2. La jeune fille porte des vêtements noirs…
   ❏ parce qu'elle adore le heavy metal.
   ❏ parce que ses amies s'habillent aussi en noir.
   ❏ parce qu'elle aime ce type de vêtements.

3. Qui doit aller en salle de musique ?
   ❏ Les élèves qui veulent participer à une comédie musicale.
   ❏ Les élèves de la classe de M. Couvreur.
   ❏ Tous les élèves en classe de 6ᵉ.

4. Que fait la jeune fille dans le bus ?
   ❏ Elle parle avec les autres passagers.
   ❏ Elle écoute de la musique.
   ❏ Elle joue avec son smartphone.

EXERCICE 3 — 7 POINTS

Piste 29

Vous allez entendre deux fois un document. Il y a une pause entre chaque écoute. Lisez les questions et répondez.

1. Où entendez-vous ce message ? (1 pt)

❏  ❏

❏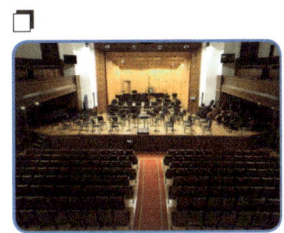

2. Cela va commencer dans combien de temps ? (1,5 pt)

....

3. Il est interdit d'apporter dans la salle : (2 pts)

❏  ❏

❏  ❏

4. Qu'est-ce qu'il n'est pas autorisé de faire pendant l'événement ? (1,5 pt)

....

5. Ce message est diffusé : (1 pt)
   ❏ le matin.
   ❏ l'après-midi.
   ❏ le soir.

COMPRÉHENSION DES ÉCRITS

EXERCICE 1 — 6 POINTS

Lisez chaque titre d'article et inscrivez le chiffre qui lui correspond dans la rubrique appropriée : culture, sport, sciences, politique, météo ou environnement.

1 ⊣ L'Union européenne se prépare pour ses prochaines élections législatives
2 ⊣ Tournoi des six nations : encore une défaite pour l'équipe de France !
3 ⊣ Fortes pluies attendues : vigilance dans le sud de la France
4 ⊣ Festival de Cannes : les films en compétition pour la Palme d'or
5 ⊣ Le constructeur japonais Toyota veut aller sur la Lune
6 ⊣ Deux fois plus de déchets plastiques dans les océans d'ici 2030

Culture	Sport	Sciences	Politique	Météo	Environnement

EXERCICE 2 — 5 POINTS

Vous êtes à la pharmacie. Indiquez dans le tableau la lettre du médicament correspondant.

1. Vous avez mal au bras après le tennis.
2. Vous avez toujours envie de vomir dans le bus.
3. Vous avez mal à la tête et un peu de fièvre.
4. Vous avez mal à la gorge et vous toussez.

A Moliprane
16 comprimés
Pour les douleurs, les maux et la fièvre

B Apesil
Gel pour les piqûres d'insectes et de plantes. Traitement anti-démangeaisons à partir de 30 mois

C Turbo
Pansements ultra résistants et adaptés à la forme de votre talon

D Gorgesils
Traitement antiseptique du mal de gorge
24 pastilles à sucer

E Elaspan
Bande adhésive élastique
Entorse, maintien des chevilles pendant le sport

F Vomilib
36 comprimés
Complément alimentaire à base de gingembre contre le mal des transports

G Arnos
G-Lotion
240 ml
Pour les chocs : coups, chutes
Pour le sport : préparation et récupération musculaires

COMPRÉHENSION DES ÉCRITS

EXERCICE 3   8 POINTS

Lisez ce document puis répondez en cochant la bonne réponse ou en écrivant l'information demandée.

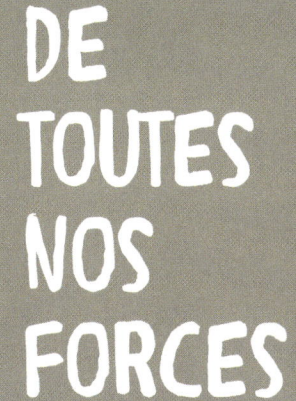

Réalisé par Nils Tavernier
Avec Jacques Gamblin,
Alexandra Lamy et Fabien Héraud
Pays de production **France**
Année **2013**
Durée **01:35**
Comédie dramatique

L'Ironman est certainement le triathlon le plus difficile du monde : ses participants doivent, en moins de 16 heures, nager 4 km, en faire 180 à vélo et finir par une course à pied de 42 kilomètres. C'est pourtant cette course que Julien (Fabien Héraud), gravement handicapé et en fauteuil roulant, demande à son père de faire avec lui.

Inspiré d'une histoire vraie, ce film émouvant nous raconte l'histoire d'une famille confrontée à ses difficultés. Paul (Jacques Gamblin) est le père. Il y a 20 ans, il a participé au célèbre triathlon sans succès. Aujourd'hui, c'est un père absent qui ne sait pas faire face au grave handicap de son fils.

Plus que d'une histoire de sport, il s'agit plutôt de voir comment une famille se reconstruit, comment ses membres réapprennent à se respecter, à s'aimer et à s'accepter grâce au défi sportif.

À l'exception d'une musique trop marquée, Nils Tavernier nous offre une mise en scène très juste, mêlant finesse et tendresse. L'acteur Fabien Héraud, réellement handicapé, est passionnant. Alexandra Lamy joue à merveille le rôle de la mère. Quant à Jacques Gamblin, il est tout simplement brillant. Voici donc un film à voir en famille, car le sujet est très touchant !

Yann Vandercruyssen

1. *De toutes nos forces*, c'est... (1 pt)
  ❏ une course pour les personnes handicapées.   ❏ un livre d'histoire.   ❏ un film.

2. L'avis de Yann Vandercruyssen sur *De toutes nos forces* est... (1 pt)
  ❏ positif.   ❏ négatif.   ❏ on ne sait pas.

3. Vrai ou faux ? Cochez la case correspondante et recopiez une phrase ou une partie de phrase pour justifier votre réponse. (6 pt)

	Vrai	Faux
Julien veut participer à une course de triathlon.		
Justification :		
Paul a gagné la course de triathlon quand il était jeune.		
Justification :		
Julien et son père ont de très bonnes relations.		
Justification :		
L'histoire ne s'intéresse pas seulement au sport.		
Justification :		

COMPRÉHENSION DES ÉCRITS

EXERCICE 4 6 POINTS

Tu es accueilli dans une famille française lors d'un échange scolaire. Tu trouves ce message sur la table de la cuisine.

> Bonjour !
> J'espère que ta journée à l'école s'est bien passée.
> Pour le dîner, j'ai préparé du poulet au curry avec du riz. Il faut juste que tu mettes le plat 5 minutes au micro-ondes. En entrée, il y a des carottes râpées dans le frigo.
> Je rentrerai vers 22 h de ma réunion.
>
> PS : Le papa d'Aline est passé tout à l'heure : comme Aline a été malade hier, il te demande si tu peux l'appeler après le dîner pour lui expliquer les devoirs à faire pour demain.
>
> Bon appétit !
>
> Linda

1. Qu'est-ce que tu mangeras ce soir ? (2 pts)

❏  ❏  ❏  ❏  ❏

2. Qu'est-ce qu'il faut faire avant de dîner ? (1 pt)
   ❏ Mettre le plat au réfrigérateur.
   ❏ Faire réchauffer le plat.
   ❏ Téléphoner à Aline.
   ❏ Faire les devoirs.

3. À quelle heure rentrera Linda à la maison ? (1 pt)

   ....

4. Que demande le père d'Aline ? (2 pts)

   ....

EXERCICE 1 13 POINTS

Vous recevez ce message de Céline, une ancienne camarade de classe qui habite maintenant en France.

⇢ **Vous répondez à Céline : vous racontez votre rentrée à l'école, vous donnez des nouvelles de vos amis et vous parlez de votre classe et des professeurs. (60 à 80 mots)**

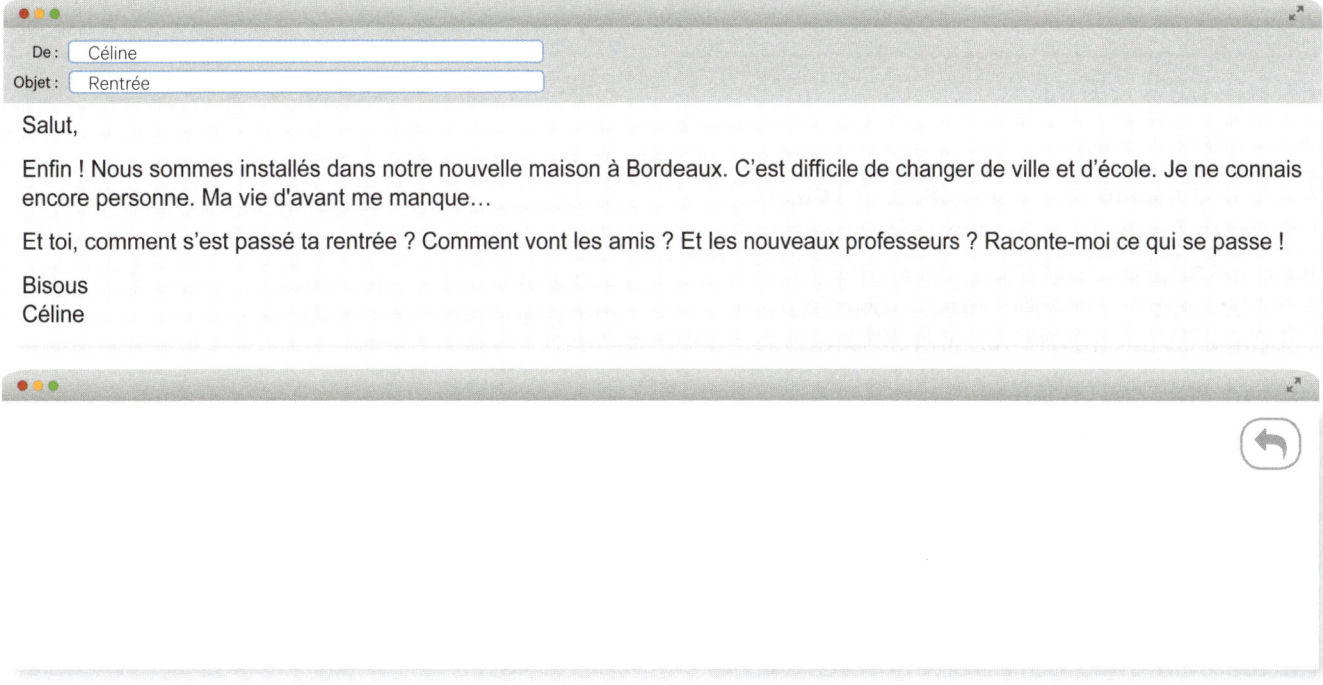

De : Céline
Objet : Rentrée

Salut,

Enfin ! Nous sommes installés dans notre nouvelle maison à Bordeaux. C'est difficile de changer de ville et d'école. Je ne connais encore personne. Ma vie d'avant me manque…

Et toi, comment s'est passé ta rentrée ? Comment vont les amis ? Et les nouveaux professeurs ? Raconte-moi ce qui se passe !

Bisous
Céline

EXERCICE 2 12 POINTS

Vous avez reçu cette invitation de votre ami Ludo.

⇢ **Vous répondez à Ludo : vous ne pouvez pas accepter son invitation, vous vous excusez et vous lui expliquez pourquoi vous ne pouvez pas venir. Vous lui proposez un autre soir. (60 mots minimum)**

De : Ludo
Objet : Concert de Maître Gims

Salut !

Comment ça va ? Il y a un concert de Maître Gims samedi prochain. Il reste des places disponibles à 18 euros.

Tu veux venir avec moi ?

Réponds-moi vite !
Ludo

PRODUCTION ORALE

Cette épreuve de production orale comporte trois parties.
Elle dure de 6 à 8 minutes. La première partie se déroule sans préparation.
Vous avez 10 minutes pour préparer les parties 2 et 3 (monologue suivi et exercice en interaction).
Les trois parties s'enchaînent.

EXERCICE 1
ENTRETIEN DIRIGÉ
(1 à 2 minutes)

Après avoir salué votre examinateur, vous vous présentez (vous parlez de vous, de votre famille, de vos amis, de vos études, de vos goûts, des animaux que vous aimez, etc.). L'examinateur vous posera des questions complémentaires.

⇢ Exercice sans préparation.

Exemples de questions :
- Quelle matière préférez-vous à l'école ?
- Qu'est-ce que vous aimez faire le week-end ?
- Décrivez-moi votre maison.

(Ou toute autre question adaptée au niveau A2 / B1.)

EXERCICE 2
MONOLOGUE SUIVI
(2 minutes environ)

Vous tirez au sort deux sujets et vous en choisissez un. Vous vous exprimez sur le sujet. L'examinateur peut ensuite vous poser des questions pour vous aider.

⇢ Exercice avec préparation.

⇢ **SUJET 1 :**
Parlez d'une personne que vous aimez. Décrivez-la et expliquez pourquoi vous l'aimez.

⇢ **SUJET 2 :**
À quelle occasion utilisez-vous Internet ? Que faites-vous sur Internet ? Avez-vous un ordinateur chez vous ?

⇢ **SUJET 3 :**
Quel métier font vos parents ? Et vous, quel métier aimeriez-vous faire plus tard ? Pourquoi ? Expliquez.

⇢ **SUJET 4 :**
Quels sports pratiquez-vous ? Où ? Quand ? Avec qui ? Racontez.

⇢ **SUJET 5 :**
À quelle occasion regardez-vous la télévision ? Quelles émissions télévisées connaissez-vous ? Que pensez-vous de ces programmes ?

PRODUCTION ORALE

EXERCICE 3
EXERCICE EN INTERACTION (3 à 4 minutes environ)

Vous tirez au sort deux sujets et vous en choisissez un.

Vous devez simuler un dialogue avec l'examinateur afin de résoudre une situation de la vie quotidienne. Vous montrez que vous êtes capable de saluer et d'utiliser des règles de politesse. Dans certains sujets, le genre masculin est utilisé pour alléger le texte. Vous pouvez naturellement adapter la situation en adoptant le genre féminin.

⇝ Exercice avec préparation.

⇝ **SUJET 1 : L'ANNIVERSAIRE SURPRISE**
Vous êtes invité à une fête d'anniversaire surprise pour un ami français. Vous proposez à son frère de l'aider pour la préparation de la fête. Vous discutez ensemble d'une idée de cadeau, de la nourriture, etc.
L'examinateur joue le rôle du frère.

⇝ **SUJET 2 : À L'INFIRMERIE**
Vous êtes dans une école en France à l'occasion d'un échange scolaire. Pendant la pause, vous vous êtes fait mal. Deux heures plus tard, vous avez toujours mal. Vous allez voir l'infirmier de l'école. Vous lui expliquez ce qui ne va pas.
L'examinateur joue le rôle de l'infirmier.

⇝ **SUJET 3 : LA CUISINE**
Vous aimez faire la cuisine et partager de bonnes recettes avec vos amis. Vous invitez un ami français à venir cuisiner chez vous un repas typique de votre pays. Vous vous mettez d'accord sur le menu et sur qui fait quoi.
L'examinateur joue le rôle de l'ami français.

⇝ **SUJET 4 : LE CONCERT**
Vous avez des billets gratuits pour un concert ce week-end. Vous proposez à un ami français de vous accompagner. Vous vous mettez d'accord sur l'heure et le lieu du rendez-vous, les moyens de transport, etc.
L'examinateur joue le rôle de l'ami français.

TRANSCRIPTIONS DES ENREGISTREMENTS

UNITÉ 1 : À TABLE !

Piste 1 – Leçon 1 – Activité 2A
- Bonjour, quel est le menu du jour ?
- Bonjour ! Alors, en entrée, vous avez le choix entre des tomates mozzarella ou une petite quiche au fromage avec de la salade verte.
- Parfait ! Je vais prendre la quiche en entrée. Et pour le plat principal ?
- Je vous recommande la moussaka, elle est servie avec du riz. Et sinon, nous avons aussi des moules frites !
- Bah, écoutez, je vais suivre votre conseil. Je prends la moussaka. Et pour le dessert, vous avez de la mousse au chocolat ?
- Oh, non, désolé, pas aujourd'hui.
- Ah, dommage !
- Mais il y a du fromage blanc aux framboises ou de la semoule aux raisins secs.
- Bon d'accord, je choisis le fromage blanc.
- Très bien, c'est noté !
- Merci beaucoup !

Piste 2 – Leçon 2 – Activité 1B
1. Je n'aime pas la viande donc je ne suis pas très fan du bœuf bourguignon.
2. S'il y a bien un plat qui me rappelle mon enfance, c'est le gratin de chou-fleur à la béchamel ! Ma grand-mère en préparait pour les repas de famille. J'adorais ça et cela n'a pas changé.
3. Quel est le dessert dont je ne pourrais pas me passer ? Le fondant au chocolat, je crois. C'est mon petit plaisir à moi.
4. Le légume que vous ne trouverez jamais dans mon assiette ? Les endives ! Je déteste vraiment ça... C'est trop amer pour moi. Mais ma sœur, elle en raffole. Elle se régale avec des endives gratinées au fromage, je ne sais pas comment elle fait.

Piste 3 – Leçon 3 – Activité 2A
1. Moi, je finis toujours mon assiette. Et par exemple, à la cantine, je prends une seule tranche de pain, ou alors je partage mon petit pain avec une copine.
2. Je ne fais jamais de grosses courses à l'avance. Et je fais toujours attention à la date limite de consommation des produits frais. Je regarde l'étiquette et, si la date limite est très proche, je vais acheter le produit seulement si j'ai envie de le consommer tout de suite.
3. Je déteste les personnes qui ont les yeux plus gros que le ventre. Quand je me sers une assiette, je prends une petite portion. Si j'ai encore faim après, je pourrai toujours me resservir un peu... C'est tout bête !
4. Nous, à la maison, on ne jette jamais rien. S'il y a des restes, je vais les cuisiner pour le repas suivant ou, tout simplement, je les mets dans une petite boîte et direction le congélateur !

UNITÉ 2 : VOYAGES

Piste 4 – Leçon 1 – Activités 1A et 1B
Maël : L'année dernière, avec mes parents, nous sommes allés en Bretagne. Nous avons voyagé en avion jusqu'à Rennes. Ensuite, nous avons loué une voiture et nous sommes allés à Saint-Malo. J'ai adoré !! Puis, nous avons pris le bateau pour aller sur l'île de Jersey. Nous avons dormi dans des campings, heureusement qu'il faisait beau !
Coralie : Avec mes parents et mon frère, nous sommes allés dans le sud de la France, à côté de Marseille. Nous avons pris le TGV, tu sais le train à grande vitesse. Mes parents ont loué un appartement face à la mer. C'était génial, il a fait beau et chaud et nous sommes allés à la plage tous les jours !
Quentin : Tous les ans, nous allons chez des amis dans les Alpes à Tignes. On a fait le voyage en voiture. C'était long ! J'ai retrouvé mes amis et c'était super ! Nous avons fait de l'escalade et même du ski !!

Piste 5 – Leçon 3 – Activité 1A
- Alors Julie, raconte-moi tes vacances !
- C'était super ! Je suis partie toute seule en séjour en Corse.
- La chance !
- J'ai rencontré plein de gens sympas. Nous avons logé dans un camping.
- Cool ! Moi, je suis parti à Biarritz avec mes parents et ma sœur. Qu'est-ce que tu as fait en Corse ?
- Alors, le premier jour, nous nous sommes promenés dans la ville puis nous avons passé l'après-midi à la plage. L'eau était claire et super chaude !
- Moi, j'ai fait du surf et heureusement que j'avais une combinaison parce que l'eau est froide à Biarritz.
- Ah, et j'ai aussi fait de la plongée. J'ai vu plein de poissons.
- Super ! Moi, j'ai fait mon baptême de plongée l'année dernière à Marseille. J'ai adoré !
- Les jours suivants, nous avons fait des randonnées en montagne.
- Tu as visité la ville d'Ajaccio ?
- Non, le camping était trop loin. Et toi, qu'est-ce que tu as fait ?
- Du surf tous les après-midi. Le matin, on allait à la plage. Un jour, nous sommes allés dans les Pyrénées, pour faire une randonnée.

UNITÉ 3 : DEMAIN

Piste 6 – Leçon 1 – Activité 1C
- Au fait, Charlotte, tu as commencé le travail qu'on doit faire en espagnol ?
- Celui sur notre vie plus tard ? Oui, je l'ai même terminé.
- Ah bon, déjà ? Qu'est-ce que tu as écrit ?
- J'ai dit que, quand je serai grande, j'achèterai un appartement en ville avec ma famille. On vivra dans un grand loft moderne mais écologique parce que nous installerons des panneaux solaires qui se trouveront sur le toit. Ils permettront de chauffer l'eau de la douche mais aussi la maison en hiver.
- Ouah trop bien ! Ça donne envie ! Moi je n'ai pas encore commencé mais je pense que j'habiterai plus à la campagne. Il y aura trop de bruit et de pollution en ville.

Piste 7 – Leçon 2 – Activité 1C
- Eh ! Vous avez quoi de prévu pour ce week-end ? Ça vous dit de venir manger une crêpe et ensuite d'aller au cinéma ? Il y a un super film de science-fiction à voir.
- Bouh, ce week-end compliqué. Enfin, ça dépend si je vais chez mes cousins. Mon cousin est en pleine période d'examens et ma tante veut qu'il étudie à fond ! Du coup, il est possible que je reste sur Poitiers ! Mais, si je peux, ça me branche carrément, j'adore les films de science-fiction.
- Génial ! Tu me tiens au courant ! Si tu ne peux pas ce week-end, on remet ça à une prochaine fois. Et toi, Mathilde ?
- Compte sur moi pour la crêpe, c'est mon dessert préféré. Par contre, le film, impossible. J'ai le spectacle de danse de ma petite sœur et ma mère ne me laissera jamais venir.
- Bon, ben, va pour la crêpe ! J'irai au cinéma avec ma mère.

UNITÉ 4 : MON MONDE

Piste 8 – Leçon 1 – Activité 1B
- Maman, tu peux me donner de l'argent pour aller au cinéma ? S'il te plaît !
- Oui, d'accord, ma chérie !
- Salut papa ! Tu peux me prêter ton téléphone, s'il te plaît ? Je n'ai plus de batterie.
- Désolé, mais je dois téléphoner tout de suite au bureau.
- Vous pouvez m'offrir une console ? Allez ! Pour mon anniversaire !
- Hors de question ! Pour Noël, tu as déjà eu un nouveau téléphone.
- Mais tu ne voulais pas un week-end à la neige ?
- Et vous pouvez m'aider à préparer la fête de mon anniversaire ?
- Bien sûr !

Piste 9 – Leçon 1 – Activité 2B
1.
- Maman, tu peux venir me chercher ?
- Oui, Laure. À tout à l'heure.
2.
- Pas question ! On ne va pas t'acheter un scooter.
- C'est trop dangereux !
3.
- Marie, tu peux m'aider ? Il faut ranger le salon.
- Oui, d'accord !
4. Papa, tu peux me conduire chez Mathieu ?
5. Stop ! C'est fini ! Posez vos stylos, l'examen est terminé.

Piste 10 – Leçon 2 – Activité 2A
1. Salut Manon ! Ça va ?
2. Bonjour Monsieur. Vous désirez ?
3. Bonjour Mme Fontaine ! Comment allez-vous ?

Piste 11 – Leçon 3 – Activité 1B
1. Tais-toi, tu m'énerves !
2. Bien sûr ! Tu peux prendre mon vélo, je n'en ai pas besoin.
3. On dirait que vous êtes sœurs ! Vous avez la même coupe de cheveux !
4. Trop marrant, j'ai le même sac que toi !
5. Dès que j'arrive chez moi, je t'écris pour te raconter.

UNITÉ 5 : À VOS MARQUES !

Piste 12 – Leçon 1 – Activité 1B

- Mais ce n'est pas possible, Maeva et Ranitea ! Vos camarades ont déjà commencé à s'échauffer ! Vous êtes encore en retard et c'est la 4ᵉ fois ce mois-ci.
- ○ Désolée Madame, mais nous avions un examen de SVT et nous sommes sorties en retard.
- Très bien mais, la semaine dernière, vous vous étiez perdues à cause des travaux dans le département de sciences. C'est bizarre quand même, non ?
- ○ Puff, toujours pareil les profs !
- ▪ Grave, elle ne nous croit jamais cette prof. Maeva, tu as commencé à réviser pour l'examen de SVT ? Je crois qu'il me manque des cours et j'ai besoin de voir ton cahier, tu peux me le prêter tout à l'heure ?
- ○ Oui, pas de problème !… Au fait, Ranitea, tu connais le nouveau sport à la mode, le CrossFit ? J'ai testé avec ma cousine et j'ai décidé de m'inscrire à la salle de sport de mon quartier, ça te dit ?
- ▪ Oui, mais c'est quoi ?

Piste 13 – Leçon 2 – Activité 1A

1. Allez, on se dépêche ! Il vous reste 5 minutes avant que le cours commence. Vos baskets et tous dans le gymnase !
2. On fait une pause de 5 minutes, allez boire dans les vestiaires. C'est important !
3. Votre attention, le cours est terminé ! On range le matériel et on vient au milieu pour terminer le cours en douceur.
4. Bien, aujourd'hui, nous allons faire un match de badminton. Par binômes, vous allez commencer à faire trois tours de terrain et ensuite vous venez au milieu pour qu'on fasse quelques exercices ensemble.

Piste 14 – Leçon 3 – Activité 1A

- J'adore tes baskets, tu les as achetées où ?
- ○ Si tu veux acheter de jolies baskets, tu dois aller dans le centre commercial Achat Plus : ils ont des modèles unis mais aussi multicolores et de toutes les marques.
- Elles sont vraiment super les tiennes !
- ○ Grave ! En plus, elles sont méga confortables et aussi pas chères. Il y a des promos en ce moment.
- J'irai ce week-end avec ma mère. Je dois aussi m'acheter une nouvelle tenue de sport pour mon cours de rollers.
- ○ Dans ce cas, c'est le magasin idéal ! Ils ont tout un rayon avec des accessoires pour se protéger en cas de chute : des protections fluorescentes pour les genoux et les coudes et aussi des casques avec de petites lumières pour pouvoir en faire le soir en hiver.
- Ouah génial, je vais être super bien équipée ! En plus, c'est bientôt mon anniversaire.

UNITÉ 6 : INFORMONS-NOUS !

Piste 15 – Leçon 1 – Activité 2B

- Bonjour ! Nous réalisons une enquête sur le journal gratuit *20 minutes*. Vous pouvez nous dire pourquoi vous lisez ce journal ? Qu'est-ce que vous lisez en priorité ?
- ○ Moi, je lis *20 Minutes* la plupart du temps quand je suis dans le métro. Ça me permet de m'informer rapidement des dernières actualités.
- ▪ Alors, je ne lis pas tout le journal. Je regarde surtout la rubrique culturelle ! Elle est bien pratique pour connaître les nouvelles expositions ou les derniers films à voir au cinéma.
- ▶ Personnellement, je prends le journal gratuit afin de connaître les résultats sportifs. Pour avoir des informations détaillées sur l'actualité en général, je préfère lire des journaux sur Internet.
- ▷ Le journal *20 Minutes*, je le prends afin de lire mon horoscope, et puis, pour faire les jeux, le sudoku et les mots croisés ! Ça permet de passer le temps.

Piste 16 – Leçon 2 – Activité 2A

C'est quoi les fake news ?
L'expression anglaise « fake news » signifie « fausses nouvelles ». Elle désigne des informations fausses, des informations qui, souvent, sont volontairement truquées. L'une des fake news les plus connues est le soutien du pape François à Donald Trump quand il était candidat à la présidence des États-Unis.
Un autre exemple est une vidéo de l'aéroport de la ville de Miami inondé après le passage de l'ouragan Irma. En fait, il s'agissait d'une vidéo d'un homme marchant dans une zone remplie d'eau de l'aéroport de Mexico, la capitale du Mexique.
Les fake news ont toujours existé. Il y a 80 ans, un comédien avait fait peur aux Américains en faisant croire à une invasion martienne à la radio.
Mais, aujourd'hui, elles ont beaucoup d'impact à cause de la puissance des réseaux sociaux. Sur ces réseaux, tout le monde peut diffuser des informations sans obligation de les vérifier.
Mais, pour être un citoyen libre et responsable, chacun doit apprendre à vérifier ses sources, qu'elles viennent d'Internet ou d'autres médias. De nombreux journaux font aujourd'hui du « décodage » des fake news pour expliquer comment les reconnaître. Des enseignants font aussi des cours d'éducation aux médias afin de développer son esprit critique. Il s'agit par exemple d'étudier des photos pour savoir si elles sont truquées. Plutôt que de croire n'importe quelle info sans réfléchir, un minimum de prudence est nécessaire aujourd'hui.

Piste 17 – Leçon 3 – Activité 1B

- Tout ce qui concerne le « bien manger », la diététique, ça m'intéresse beaucoup. Ça m'inquiète parce qu'aujourd'hui, on consomme beaucoup de produits chimiques et industriels sans le savoir : dans la nourriture ou dans les cosmétiques. Et on doit s'intéresser à l'environnement et à l'écologie. Je pense que c'est très important pour l'avenir de notre planète. Par contre, je ne regarde jamais les infos sur les dernières tendances ou les défilés de mode à Milan ou à New York. Ça m'ennuie.
- ○ Alors, les résultats des matchs de football, ça ne m'intéresse absolument pas ! Je dirais même que ça m'énerve les footballeurs qui gagnent autant d'argent pour courir sur une pelouse ! C'est n'importe quoi. En revanche, je suis très curieux des dernières tendances musicales. La musique électronique, en particulier, ça m'intéresse. La créativité dans ce style de musique, c'est très intéressant.

Piste 18 – Leçon 3 – Activité 2A

1. Il aimerait devenir astronaute.
2. Nous allons en Floride l'été prochain.
3. Avant, on s'écrivait des lettres.
4. Vous seriez intéressé par un travail dans ce journal.
5. Tu t'occuperais des nouvelles sportives.
6. Tu vérifieras toujours tes sources.

UNITÉ 7 : MA MUSIQUE

Piste 19 – Leçon 1 – Activité 2B

Tremplin destiné aux musiciens qui vivent au Canada, le Syli d'Or est le rendez-vous incontournable des amateurs de musique du monde. Chaque édition est l'occasion de révéler les nouveaux talents et les tendances actuelles des musiques du monde au Québec.
La grande finale des Syli d'Or aura lieu au théâtre Fairmount à Montréal le jeudi 26 avril à partir de 20h. Qui gagnera cette année le Syli d'Or ? Il y aura trois groupes en compétition.
TokaTaNoka, c'est un duo franco-québécois composé de Maider Martineau et d'Olivier Bussières. Ils nous font découvrir la musique traditionnelle basque. Maider joue du trikitixa, un accordéon traditionnel basque et Olivier, lui, est percussionniste : il utilise différents tambourins et d'autres instruments selon les compositions.
Ensuite, il y a un jeune artiste originaire du Burkina Faso, Kenzow. Avec ses sonorités afro pop et reggae dans le style de l'Afrique de l'Ouest, Kenzow joue accompagné de sa guitare dans le métro et les rues de Montréal parce qu'il souhaite toucher le plus de monde possible.
Enfin, le dernier groupe s'appelle El Son Sonó. Il est composé de sept musiciens, réunis par leurs racines péruviennes. El Son Sonó, c'est une manière de voyager en Amérique latine grâce aux rythmes dansants du festejo, de la rumba ou de la cumbia !

Piste 20 – Leçon 2 – Activité 1C

Ma copine Nora a pris cette photo quand nous étions en vacances en juillet dernier. C'était notre dernière soirée avant de rentrer à la maison. Et on n'avait pas du tout envie que les vacances se terminent.
Nous étions à Hossegor, sur la côte Atlantique en France.
Sur la photo, je joue du banjo avec Vincent, un surfeur très sympa qu'on a rencontré pendant qu'on était là-bas. Lui, il jouait de la guitare.
C'est une photo que j'aime beaucoup, parce qu'elle me donne un sentiment de liberté et de bonheur. Je me sentais tellement bien pendant que je regardais le soleil se coucher face à l'océan, entourée de musique et d'amis. Cette photo me fait penser à ces bons moments.

Piste 21 – Leçon 2 – Activité 2C

1. Écrire un texte, ce n'est pas toujours une étape facile. Je m'inspire des émotions que la musique fait naître. Si j'ai composé une mélodie triste, les paroles doivent raconter une histoire triste, par exemple un mauvais souvenir ou un moment nostalgique peut-être. Une chanson, c'est un message, une histoire à partager avec les autres.
2. En général, tout commence par une suite de quelques notes, une petite mélodie que j'ai dans la tête. Ensuite, je vais sur mon piano retravailler la mélodie et le rythme. Quand je suis satisfait de la composition musicale, je vais passer à l'écriture des paroles.
3. Bien sûr, le refrain, c'est ce qu'on retient en premier. Il doit être simple, mélodieux et expressif. Quand je joue une nouvelle chanson à des amis, je sais que cette chanson est bonne s'ils peuvent chanter

TRANSCRIPTIONS DES ENREGISTREMENTS

le refrain avec moi à la fin. Et si mes amis ne se souviennent pas du refrain, alors je sais que je dois changer quelque chose.

Piste 22 – Leçon 3 – Activité 2A
- Héloïse, tu aimes la musique de Bigflo et Oli ?
- À mon avis, ce groupe a vraiment du talent. Souvent, dans le rap, il y a des paroles vulgaires, mais pas chez eux.
- Moi, leur deuxième album m'a tellement déçu ! Toutes les chansons ont le même rythme, la même mélodie. C'est ennuyeux. Je pense que c'est le pire de leurs trois albums, n'est-ce pas, Gaëlle ?
- Je suis d'accord avec Karim. Je trouve que cet album n'est pas génial. Qu'est-ce que tu en dis, Mathis ?
- Alors, excusez-moi, mais je ne suis pas du tout d'accord. Je pense qu'il y a des chansons très cool. Et puis, j'aime comme ils s'amusent avec les clichés concernant les rappeurs.

UNITÉ 8 : MES ORIGINES

Piste 23 – Leçon 1 – Activité 2A
Comme beaucoup de Français et de Françaises, j'ai des origines étrangères. En effet, mon grand-père était d'origine espagnole. Il a quitté le pays à l'époque de la guerre d'Espagne. Ses parents, ses frères et lui ont traversé les Pyrénées à pied pour arriver en France. Mon grand-père était un homme timide et il ne parlait pas beaucoup de son enfance en Espagne. Il n'aimait pas ça, je crois. Mais chaque fois que nous allions en vacances chez mes grands-parents, Papy nous préparait une magnifique paëlla. C'était une tradition familiale pour lui. Et maintenant, quand je mange ce plat, ça me rappelle mon grand-père.

Piste 24 – Leçon 2 – Activité 2B
Vous connaissez les Halles à Paris ? C'est le nom d'un quartier situé au cœur historique de la capitale française, dans le premier arrondissement. Aujourd'hui, le quartier des Halles est célèbre pour son centre commercial souterrain, idéal pour faire du shopping. On y va également pour visiter le Centre Pompidou et son musée d'art moderne. Mais d'où vient ce nom, les Halles ? Vous l'ignorez peut-être, mais jusque dans les années 1960, ce quartier accueillait les Halles Centrales de Paris : c'est-à-dire un grand marché de gros où les commerçants et les restaurants de la ville venaient acheter des produits alimentaires. Il y avait une dizaine de pavillons construits par l'architecte Victor Baltard entre 1852 et 1870. Chaque pavillon avait sa spécialité : le pavillon n° 3 était pour la viande, le n° 9 pour le poisson, etc. Mais avec l'augmentation de la population et l'évolution de la demande, les Halles Centrales devenaient trop petites après la seconde guerre mondiale. C'est pourquoi on a décidé de transférer le marché à Rungis, une ville située à 7 kilomètres au sud de Paris. Ce marché de Rungis est aujourd'hui le plus grand marché de produits frais du monde. De 1971 à 1973, on a démoli les pavillons de Baltard à Paris. Ensuite, tout le quartier a été réaménagé pendant une très longue période de travaux. On a inauguré le Forum, le grand centre commercial souterrain, en 1979.

Piste 25 – Leçon 3 – Activité 1C
- Je m'appelle Geneviève et mon mot préféré en français, c'est « papillon ». Je crois que c'est un mot d'origine latine. Et puis, j'aime son orthographe : il y a deux « L » comme les deux ailes d'un papillon. C'est facile de s'en souvenir.
- Je m'appelle Pablo et mon mot favori en français est très difficile à prononcer pour moi, c'est le mot « nouilles ». C'est un mot qui vient de l'allemand *nuddel*, qui signifie « la pâte ». J'adore les nouilles et, en plus, c'est un plat pas cher pour les étudiants !
- Je m'appelle Karen et le mot que je préfère en français… c'est peut-être « pamplemousse ». Je ne sais pas pourquoi, j'aime bien la sonorité, c'est rigolo. C'est un mot dont l'origine n'est pas certaine. Cela vient peut-être de la langue tamoule ou du néerlandais.

Piste 26 – Leçon 3 – Activité 2B
1.
- Les miens sont verts.
- Et ceux de ton frère ?
- Les siens sont marrons.

2. Le nôtre boit du lait. Et le tien ?
3. La leur est grande, mais la vôtre a un jardin.
4. Elles me font mal aux pieds. Et les tiennes, elles sont confortables ?

DELF

Piste 27 – Compréhension de l'oral. Exercice 1
1.
- Maintenant, le portable est interdit aussi dans la cour de récréation. On ne peut plus regarder nos messages pendant les pauses.
- Oui, je sais. La directrice est très stricte sur le téléphone. Pas de portable à l'école, même pendant la récréation !

2.
- Rima, ça va ?
- Non, pas vraiment. C'est mon frère ! Il ne voulait pas aller à l'école ce matin. Il pleurait.
- Mais pourquoi ? Qu'est-ce qui se passe ?
- Des camarades de classe harcèlent mon petit frère parce que ma famille vient de Syrie.
- Quelle horreur ! Il faut en parler à tes parents. On ne peut pas accepter le racisme.

3.
- Salut ! Tu as passé un bon week-end ?
- Oui, j'ai fait du bicross avec mes cousins. C'était super.
- Du bicross ? Qu'est-ce que c'est ?
- C'est une course de vélo BMX. Il y a un parcours avec des sauts, des obstacles. C'est très sympa.
- Cool ! Je ne savais pas que tu aimais les sports extrêmes !

4.
- Elsa ? Je suis désolée, mais je ne pourrai pas venir à ta fête vendredi. Mes grands-parents sont là. Et nous organisons un grand repas de famille ce soir-là. Donc, je dois rester à la maison.
- Oh non, c'est dommage. Je suis trop triste.

5.
- Tu as une nouvelle montre ?
- Pas seulement ! C'est un bracelet connecté ! Ça t'aide à rester en forme. L'application calcule le nombre de calories brûlées, ton temps de sommeil, etc. Et si tu ne fais pas assez de sport, on te propose un programme d'activités physiques.
- Moi aussi, j'aimerais bien avoir un objet connecté !

Piste 28 – Compréhension de l'oral. Exercice 2
1.
- Nous avons Jérôme en ligne. Allo Jérôme ? Bonjour !
- Bonjour !
- Vous souhaitez intervenir sur le thème de la musique ?
- Oui, merci. Au sujet de la musique, je voudrais dire que je ne comprends pas comment une personne peut écouter seulement un type de musique ! Par exemple, dire « Moi, j'aime seulement le rock ! » donc j'écoute seulement du rock. Personnellement, j'écoute beaucoup de musique et je m'intéresse à des styles musicaux très différents : du hip-hop, du rock, de la pop, de l'électro. Finalement, ce qui est important, c'est d'aimer la musique. Par exemple, à la radio ou en discothèque, c'est mieux s'il y a un peu de rock, un peu de pop, un peu de hip-hop qui passe.

2. Beaucoup de gens pensent que je suis fan de métal, que je suis une gothique. Alors, oui, je m'habille en noir, je porte des longues robes noires, des chaussures en cuir. Mais, en réalité, je ne suis pas une grande fan de la musique heavy métal ou gothique. C'est juste que j'aime ce look : c'est confortable, je me sens forte quand je porte ces vêtements. Je ne les porte pas pour les autres, mais parce que je me sens bien comme ça.

3. Chers élèves, votre attention, s'il vous plaît ! Je vous rappelle que les inscriptions pour participer à la comédie musicale de notre collège se terminent aujourd'hui. Tous les élèves peuvent participer, peu importe votre classe, de la 6e à la 3e. Si vous êtes intéressé, vous pouvez encore vous inscrire auprès de M. Couvreur en vous présentant en salle de musique à 16 h. Soyez ponctuel et bonne fin de matinée !

4. Moi, j'adore la musique, j'écoute de la musique dans les transports. Mon école se trouve à une heure et demie de chez moi en bus. Donc, j'ai toujours beaucoup de musique sur mon smartphone, je mets mes écouteurs et ça permet de passer le temps de manière agréable dans le bus. Et puis, je n'aime pas entendre les autres personnes parler. Voilà, j'ai de la musique dans les oreilles, je ne les entends pas et tout se passe bien.

Piste 29 – Compréhension de l'oral. Exercice 3
Mesdames, messieurs, le concert commencera dans 10 minutes. Nous vous invitons à rentrer dans la salle et à vous asseoir à vos places. Il est interdit d'apporter des boissons ou de la nourriture à l'intérieur de la salle. Nous vous remercions de bien vouloir éteindre vos téléphones portables avant d'entrer. Et, par respect pour les artistes, nous vous rappelons également qu'il n'est pas autorisé de prendre des photos pendant le concert. Merci de votre attention. Nous vous souhaitons une agréable soirée.